HISTOIRE

DE LA

MISE EN SCÈNE.

IMPRIMERIE D'AD. MOESSARD,
RUE DE FURSTEMBERG, N.° 8.

HISTOIRE

DE LA

MISE EN SCÈNE,

DEPUIS LES MYSTÈRES JUSQU'AU CID;

PAR

ÉMILE MORICE.

PARIS,

LIBRAIRIE FRANÇAISE, ALLEMANDE ET ANGLAISE,

RUE VIVIENNE, N° 16.

1836.

I.

Origine des représentations théâtrales au moyen âge. — Les *Miracles*. — L'abbé de Saint-Alban les introduit en Angleterre. — On les joue dans les cimetières. — Répertoire des *Trouvères*. — État de l'art en Allemagne et dans la Péninsule. — Les *Entremets*. — Des spectacles exécutés à l'occasion de l'entrée des rois de France.

L'origine des représentations théâtrales, en France, se perd dans la nuit du moyen âge. Probablement beaucoup plus ancienne qu'il ne serait possible de le démontrer au moyen de témoignages historiques, peut-être même se rattache-t-elle, sans interruption, à la civilisation romaine. Quoi qu'il en soit, et bien qu'on ne puisse dire positivement ce que Charlemagne entendait par ces *histrions*, dont il supprimait les *jeux* à cause des obscénités qui s'y commettaient, il est probable que ceux-ci exécutaient des espèces de représentations scéniques. Pour les trois siècles suivans, lacune complète ; puis Raoul Tortaire, dans la relation d'un voyage exécuté en 1120, parle des spectacles que le duc Henri Ier, de Normandie, donnait, à Caen, à ses sujets.

Vers le milieu du même siècle, parurent un certain nombre de tragédies en rimes latines ; dans l'une d'elles, dont le héros est saint Martial de Limoges, Virgile, associé aux prophètes, vient avec eux à l'adoration du Messie ; et chante un long *benedicamus* rimé, par lequel finit la pièce. On rapporte également à cette époque une tragédie de *Flaura et Marco*, et une comédie, *Alda*, composées par Guillaume de Blois, mais qui ne nous sont point parvenues.

On n'a pu malheureusement retrouver de preuves qu'on fît représenter ces pièces avec appareil scénique. Mais si les documens positifs manquent pour établir ce fait, on peut facilement se le rendre probable en apprenant qu'à cette même époque, de véritables représentations dramatiques faisaient déjà les délices des Anglais. Ce fut Geoffroy, abbé de Saint-Alban, qui en introduisit le goût en Angleterre, vers le commencement du douzième siècle; c'est à Londres qu'elles obtinrent le plus de succès. Ces compositions, appelées *miracles*, et toutes, en général, du genre tragique, roulaient sur le martyre de

quelques saints de la primitive église.
Les représentations avaient quelquefois
lieu sur les places publiques, mais plus
ordinairement dans les cimetières. Les
acteurs empruntaient les ornemens de
l'église pour décorer leur théâtre, et les
vêtemens sacerdotaux pour se traves-
tir; on sait en outre qu'ils se mas-
quaient. Ces spectacles avaient ordinairement lieu le dimanche, vers la fin de
la journée, et se terminaient par des
danses, des luttes et divers autres exercices gymnastiques. Les clercs, auteurs
ordinaires des *miracles,* en étaient en
même temps les acteurs; et plus il y
avait de merveilleux dans leurs produc-
tions, plus ils recueillaient d'applaudis-
semens (*). Destinées, avant tout, aux

(*) *Ancient Mysteries described, especially
the english Miracles, Plays.* In-8° avec fig. *Lon-
don,* 1823.

plaisirs de l'aristocratie normande, ces pièces furent composées pour la plupart, dans la langue de la conquête, exclusivement, employée, d'ailleurs, dans les actes publics, au profond mécontentement des nationaux, dont les chroniques anglaises expriment les amers regrets :

« Ce fut ainsi que l'Angleterre tomba aux mains des Normands.

« Et les Normands ne pouvaient parler que leur propre langue.

« Ils parlèrent le français, comme ils faisaient chez eux, et l'enseignèrent à leurs enfans.

« De là vint que les grands de ce pays, qui descendaient des Normands, parlèrent tous la langue de leurs pères, et que les gens du peuple parlent encore aujourd'hui la langue anglaise (*). »

L'Allemagne n'en était alors encore qu'aux chants des *Minesingers*, aux lazzis des *Sprœchspreker*, et lorsque,

(*) *Robert's Glocester Chronicle.*

vers 1480, quelques moines du Brisgaw imaginèrent d'imiter les mystères français, ces pastiches ascétiques, composées en latin, furent exclusivement représentées dans les cloîtres ou à la cour des princes ecclésiastiques du saint-empire. Là, comme partout, le théâtre naquit de l'église, empruntant à la liturgie ses sujets et ses solennités; vagues et ternes reflets des pompes prestigieuses et des séduisantes théogonies que le paganisme prodiguait à ses sectateurs.

Bornée aux exercices des *bouffons*, des *truands* et des *jongleurs*, l'Espagne ne vit paraître que trois siècles après les *autos sacramentales*, pièces tirées de la légende, et, plus tard encore, les *comedias de capa y espada* (de cape et d'épée), dont le titre indique que le sujet en était tout mondain. La péninsule connut cependant, dès le douzième siècle, les poésies des troubadours (*tro-badores*), dont beaucoup de pièces portent le nom de comédies et de tragédies, mais ne sont point parvenues jusqu'à nous; de sorte qu'on ne peut affirmer si le sujet correspondait réellement au titre. D'après une analogie résultant d'un passage de l'*Histoire littéraire d'Angleterre* du docteur Henri, on doit supposer que ces pièces n'avaient de la tragédie et de la comédie que le titre; du temps de Chaucer et antérieurement, on appelait, chez les Anglais, tragédie une narration en vers sur un sujet tragique, et comédie une histoire facétieuse.

C'est enfin pendant le douzième siècle que ces cérémonies bizarres, ces processions burlesques, appelées *fête des Foux, fête de l'Ane*, étaient arrivées à leur apogée d'extravagance et de scandale; or, on ne peut s'empêcher de les considérer comme des espèces de représentations théâtrales, d'après les descriptions qui nous en restent.

Vers la même époque commençaient également à fleurir les *trouvères*, qui ne se bornaient point à *conter* dans les châteaux où on les accueillait ; mais qui devaient représenter aussi des espèces de pièces. Jehan Bodel, d'Arras, Adam de la Hale, et Rutebœuf, trouvères du treizième siècle, contemporains de saint Louis, ont composé quelques-unes de ces pièces où l'on trouve déjà presque tous les élémens d'un théâtre complet : une *pastorale*, pleine de fraîcheur et de grâce (*Robin et Marion*) ; une farce (*le Jeu du Pélerin*) ; deux drames à spectacles (*le Miracle de Théophile* et le *Jeu de saint Nicolas*) ; enfin, deux *pièces morales* (*le Mariage ou le Jeu d'Adam*, et la *Dispute du Croisé et du Décroisé*).

Il n'est point resté de documens historiques attestant que ces pièces fussent représentées, mais leur forme ne permet pas d'en douter. Ainsi, le *Jeu de saint Nicolas* est précédé d'un prologue dans lequel l'acteur s'adresse en ces mots aux spectateurs : « Seigneurs et « dames, écoutez-nous : nous voulons « vous entretenir aujourd'hui de saint « Nicolas le confesseur, qui a fait tant « de beaux miracles qui sont vrais. »

Ici vient l'analyse de la pièce, et l'acteur termine ainsi :

« Voilà, nobles seigneurs, le beau « miracle qu'on lit dans la vie du saint « dont demain se célèbre la fête; nous « allons vous le représenter; tel est le « sujet de notre jeu.

« Faites silence;

« Nous commençons. »

Ce prologue dénote évidemment une représentation; mais sa forme, l'allocu-

tion aux seigneurs et aux dames qui le
commence, tout semble indiquer que,
dirigée et exécutée par des trouvères et
des jongleurs devant une société choi-
sie, et probablement dans l'enceinte
d'un château, cette représentation n'admettait point un auditoire populaire.

Cette question de la réalité d'une représentation particulière, résolue affir-
mativement, en laisserait indécises
beaucoup d'autres sur lesquelles il est
impossible de prononcer. Ainsi, les acteurs avaient-ils un théâtre? des décorations? Les apparitions mentionnées
dans les miracles se faisaient-elles au
moyen de machines? Les troupes dramatiques étaient-elles assez nombreuses
pour figurer des batailles? Des personnages paraissaient-ils à cheval et le fau-
con au poing, comme le *Jeu* ou programme l'indique?

A l'apparition des trouvères, à leur

admission dans les festins et les fêtes qu'ils devaient animer de leurs chants et de leurs exercices, se lie intimement l'origine des *Entremets*, grandes pantomimes, ou actions théâtrales à machines, tant usitées aux quatorzième et quinzième siècles dans les cours souveraines et princières. Nul doute que les trouvères n'en fussent les premiers inventeurs et les ordonnateurs ordinaires.

En 1237, aux noces de Robert, frère de saint Louis, on vit, pendant le repas, des ménétriers montés sur des bœufs caparaçonnés d'écarlate, un homme à cheval marcher sur une corde tendue, etc. A la vérité, il y a loin de ces spectacles grossiers aux espèces de féeries en action qui signalèrent les fêtes princières du quinzième siècle; mais c'en est assurément l'origine comme le plus grand effort de l'esprit du temps.

Le premier entremets dramatique bien caractérisé, que l'histoire mentionne, est celui qui fut représenté pendant un festin que Charles V, roi de France, donna en 1378, dans la grande salle du Palais de Justice, à l'empereur Charles IV, son oncle; le sujet de cet entremets en deux parties était la conquête de Jérusalem par Godefroy de Bouillon. Au premier acte, un vaisseau peint de mille couleurs, *ayant chatel devant et derrière*, garni de tous ses agrès, représentait la flotte des croisés, dont il portait en effet tous les chefs richement costumés, et Pierre l'Ermite à leur tête, en costume de moine. Ce vaisseau, au moyen de machines que mirent en jeu des hommes placés dans son intérieur, partit du côté droit de la salle et vint à gauche, où était figuré Jérusalem avec ses tours, son temple et ses murailles couvertes de Sarrazins;

les chrétiens abordèrent, donnèrent
l'assaut, et, après un combat, plan-
tèrent leur bannière sur la plus haute
tour.

On ne mentionnera que pour mémoire le célèbre *entremets* exécuté
en 1389, dans la même salle, aux noces
de Charles VI avec Isabeau de Bavière
(*la Prise de Troie*), et le plus brillant,
mais aussi le plus connu de tous, celui
que Philippe *le bon* fit représenter en
1453, à Lille, à l'occasion d'une croi-
sade qu'il voulait entreprendre; mais il
convient de rappeler, en terminant cette
courte mention des *entremets*, ceux
qui eurent lieu aux noces de Charles-
le-Téméraire et de Marguerite d'York,
sœur du roi d'Angleterre. Il durèrent
plusieurs jours, et furent, plus que tous
les autres, remarquables par la bizarre
incohérence de leurs tableaux. On y
vit représenter, entre autres, les tra-

vaux d'Hercule. Une baleine de soixante pieds de longueur, et d'une hauteur proportionnée, fut ensuite amenée au milieu de la salle par deux géans; de son large gosier sortirent deux syrènes et douze chevaliers, qui dansèrent au son d'une musique guerrière exécutée dans le ventre du monstre. Après le divertissement, celui-ci engloutit de nouveau toute la troupe, et s'en alla comme il était venu.

Les *entremets* étaient des spectacles exclusivement réservés aux plaisirs des princes, exécutés dans de rares occasions et presque toujours pendant les festins; le peuple n'y pouvait prendre aucune part. Mais on trouve établies, concurremment avec ceux-ci et antérieurement encore à l'institution des théâtres réglés, d'autres représentations dramatiques qui semblent plus spécialement destinées à l'amusement du peuple. Telle fut, par exemple, cette fête somptueuse que Philippe-le-Bel donna, en 1313, à Paris, à l'occasion de la chevalerie conférée à ses enfans. Pendant les quatre jours que durèrent les réjouissances, on vit différens spectacles qui représentaient Adam et Ève, les Trois Rois, le Massacre des Innocens, Jésus-Christ riant avec sa mère et mangeant des pommes (*), les Apôtres récitant avec lui leurs patenôtres, la Décollation de saint Jean-Baptiste, Hérode et Caïphe en mitre, Pilate lavant ses mains, la Résurrection, le Jugement dernier; un Paradis, dans lequel on voyait quatre-vingt-dix anges; un Enfer « noir et puant, » où tombaient les réprouvés et

(*) On vit plus tard, à l'entrée d'Isabeau de Ba-vière, « *Une image de Notre-Dame qui tenoit* « *par figure son petit enfant, lequel s'ébattoit* « *par soy à un petit moulin fait d'une grosse* « *noix.* »

d'où sortirent cent diables qui allaient
saisir des âmes qu'ensuite ils tourmen-
taient. Ces sujets dévots étaient entre-
mêlés de farces satyriques et de pantomimes burlesques; on y voyait des Ri-
bauds qui dansaient et chantaient en
chemise, un Roi de la Fève, un Tournois d'enfans, enfin, la Vie entière du
Renard, sujet favori chez nos aïeux, et
qui a fourni matière à l'un des plus
longs romans de cette époque. On suppose, avec raison, que ces spectales, de
même que ceux dont nous allons parler, n'étaient que des espèces de tableaux pantomimes exécutés par des
personnages costumés, mais dont toute
l'action se bornait à quelques gestes au-
tomatiques, qu'ils répétaient sans cesse;
on voit encore dans les églises du midi
de la France, à l'occasion des fêtes de la
Nativité ou de l'Épiphanie, de semblables
scènes exécutées de la même manière.

Il est probable que cette fête, comme d'autres semblables exécutées vers la même époque, et présentant tout ce que le luxe, les ressources et l'imagination du temps pouvaient produire et rassembler de merveilles, donnèrent l'idée de consacrer des représentations analogues à rehausser l'éclat des entrées solennelles des rois de France; c'est en effet dans le cours du siècle suivant que ces représentations, d'abord éventuelles, prirent un caractère de régularité, en devenant partie essentielle du cérémonial de ces mêmes entrées. On les appelait *miracles* et *mystères*. C'est à l'année 1380, à l'occasion de l'entrée de Charles VI, que l'on en trouve la première mention détaillée.

On vit alors, disent les chroniqueurs, ce qu'on appelait les *mystères*, c'est-à-dire, diverses représentations du théâtre, d'une *invention toute nouvelle*.

Quelques années plus tard, à l'entrée de la reine Isabeau de Bavière, on représenta, dans les rues, des combats de Chrétiens contre les Sarrazins, et diverses histoires de l'Ancien-Testament.

« Sur l'un des échafauds, dit Frois-
« sard, on voyait un chastel ouvré
« et charpenté de bois et de garites,
« faites aussi fortes que pour durer
« quarante ans; et là y avoit à chacun
« des crénaux un homme d'armes, armé
« de toutes pièces, et sur le chastel un
« lit paré, ordonné et encourtiné aussi
« richement de toutes choses, comme
« pour la chambre du roy; et estoit ap-
« pelé ce lict, le lict de Justice, et là en
« ce lieu, par figure et par personnage,
« se gisoit madame saincte Anne. »

Depuis cette époque jusqu'à Henri II, qui abolit ces spectacles pour y substituer les *arcs-de-triomphe*, on trouve sans discontinuité la mention de ces mystères à chaque entrée de roi ou de reine de France, ou de souverains étrangers.

A l'entrée de Charles VII, on vit figurer en cavalcade les vertus personnifiées et les sept péchés mortels, *habillez selon leur propriété*; toute l'histoire de Jésus-Christ, comme nous le rapporterons plus loin; les tableaux du purgatoire et de l'enfer, la représentation de saint Michel pesant dans sa balance les âmes des trépassés.

Pour l'entrée de Louis XI, on avait disposé, à la porte Saint-Denis, un vaisseau figurant les armes de la ville de Paris, et portant les trois États accompagnés de l'Équité et de la Justice; pour retracer le haut degré de puissance auquel le héros de la fête venait de s'élever par son sacre, on ne trouva rien de plus ingénieux que de faire hisser un mannequin revêtu d'habits royaux à la hune du mât de la nef; c'est à cette même entrée que des syrènes *toutes nues* fredonnaient des *bergerettes* à deux pas d'un théâtre de la Passion où Jésus-Christ venait d'expirer entre deux larrons.

Ces divers spectacles ne tiennent, il faut en convenir, que d'une manière fort indirecte à l'histoire littéraire du théâtre français; car il est évident que ce n'étaient que de simples tableaux sans aucun mélange de dialogue, en un mot, des pantomimes (*); il est même certain que dans le plus grand nombre

(*) « Devant la Trinité estoit un grand théâtre, sur « lequel estoient représentés les mystères de la Pas- « sion et Judas faisant sa trahison; *ces personnages « ne parloient, ains représentoient ces mystères « par gestes seulement.* » (Entrée de Charles VII.) « A l'endroit de la Trinité y avoit une Passion, *par « personnages et sans parler.* » (Entrée de Louis XI.) « A l'entrée du duc de Bedfort, les enfans de Paris « représentèrent *le mystère du vieil Testament et « du nouvel, sans parler et sans signer, comme*

des cas, lorsque les tableaux représentés offraient une succession de scènes liées entre elles, ce n'était point relativement au temps, mais bien relativement au lieu que s'opérait cette succession; ainsi, au lieu d'assister devant un même théâtre à toute la représentation d'un mystère, on passait d'échafauds en échafauds dressés le long des rues que devait traverser le cortége, et dont chacun offrait une scène détachée; c'était donc moins un drame qu'une galerie. Il serait facile de citer, d'après le cérémonial des entrées des reines, une foule de preuve de cette dernière assertion : nous nous bornerons à rappeler les principaux tableaux disposés pour

« ce fussent images enlevées contre ung mur. » (Journal d'un bourgeois de Paris.) Il y avait ordinairement, au-devant de ces théâtres et un peu plus bas, des personnages ordonnés pour faire déclaration, c'est-à-dire pour expliquer le sujet au peuple.

l'entrée de Charles VII; ils représentaient à peu près toute la vie de Jésus-Christ. Ainsi, à l'entrée du grand pont, était représenté le *Baptême de Notre Seigneur;* devant la Trinité, *sa Passion;* devant le sépulcre, *sa Résurrection* et son *Apparition à la Madelaine;* à la porte Sainte-Catherine, *la Descente du Saint-Esprit sur les apôtres* (*).

Cette succession de tableaux, ce drame étalé en quelque sorte dans toute sa longueur, présentaient quelques avantages. D'abord le cortége, pour l'agrément duquel ils étaient disposés, pouvait jouir de la totalité

(*) Tout au long de la grande rue Saint-Denis, auprès d'un jet de pierre l'un de l'autre, estoient faits eschaffaulz bien et richement tendus, où estoient faicts par personnages l'Annonciation Notre-Dame, la Nativité de Notre Seigneur, la Résurrection et Pentecoste, et le Jugement, etc. (ALAIN CHARTIER, *Hist. de Charles VII.*)

du spectale sans interrompre essentiellement sa marche. C'étaient autant de reposoirs devant lesquels il ne faisait que s'arrêter un instant. Puis les frais de la représentation, ainsi que toutes les difficultés de l'exécution se trouvaient divisés; car ce n'était point une association générale qui entreprenait la totalité du spectacle; chaque quartier, ayant choisi sa scène, l'exécutait comme il l'entendait (*), selon ses ressources, son zèle ou son amour-propre; de là une émulation de se surpasser et de se faire remarquer, qui tournait à l'avantage général du spectacle. Ce spectacle restant en permanence pendant toute la cérémonie, et probablement même pendant toute

(*) A la fontaine Saint-Innocent y avoit un mystère des Trois Rois qui vinrent adorer Notre Seigneur, et aultres mystères *faicts par les frippiers.* (Entrée d'Anne de Bretagne.)

la journée, les derniers venus ne perdaient rien pour arriver tard; on pouvait, même, renouveler ses plaisirs à volonté en reprenant le drame par le commencement pour le suivre de nouveau jusqu'à son dénouement. On obtenait enfin ainsi l'effet des décors mobiles de la *Belle au bois dormant*, à l'Opéra, et du *Sacre de Napoléon* au Cirque-Olympique, avec cette différence qu'aujourd'hui c'est le spectacle qui se dérange, et qu'alors c'était le spectateur.

Cependant il paraît que les confrères de la Passion se distinguaient toujours par la magnificence de leurs échafauds. Rien de plus naturel : ils avaient un fonds de costumes et d'accessoires, et de plus l'habitude continue de ces représentations. Voici un exemple qui prouve leur coopération dans ces fêtes, et qu'en même temps ils ne dé-

rogeaient point à l'usage de ne représenter que des spectacles muets : « De-
« vant l'église des Carmes avoient faict
« faire les gouverneurs et confrères de la
« confrérie de la Passion un eschaffaut où
« était Abraham qui sacrifiait à Dieu le
« Père son fils Isaac. Et à l'aultre costé
« de l'eschaffaut, le crucifiement de
« Jésus-Christ. C'est à savoir Jésus
« étendu en la croix entre deux larrons,
« Judas pendu, Anne, Caïphe, Pilate,
« et plusieurs Juifs regardant le cruci-
« fiement, et coulait incessamment *une*
« *manière de sang* des playes du cru-
« cifix. » (Entrée de Louis XI.)

Plus tard on introduisit dans ce spectacle un coryphée chargé d'expliquer
l'action. « A l'entrée de la reine Anne
« de Bretagne (femme de Louis XII) à
« Paris, à la vieille porte Sainct-Denys,
« y avoit un autre mystère des *cinq*
« *Annes*, qui sont trouvées dans l'An-

« cien Testament; avec lesquelles on
« ajoutoit Anne, noble reine de France,
« pour les vertus et biens qui sont en
« elle. Et y avoit un personnage pour
« déclarer les choses dessus dites, qui
« disoit en substance ce qui s'ensuit :

« Cinq dames sont au saint Escrit trouvées
« Nommées Annes, très-justes éprouvées.
« Héléazar prit l'une en mariage,
« Dont fut produit Samuel l'enfant sage.
« La deuxième, femme du vieil Tobie,
« De charité et de piété remplie.
« La troisième fut mère de Sara:
« Tobie le jeune par grace l'épousa.
« La quatrième prophétise fut ditte.
« Car la venue de Christ avoit préditte;
  La cinquième fut mère de Marie,
« Vierge pucelle, qui le doux fruit de vie
« Par grâce Dieu enfanta dignement.
« Ces cinq dames ont vertueusement,
« Durant leurs temps, regné sans quelque doute.
« Avec elles la sixième on ajoute,
« C'est dame Anne, noble reine de France,
« Qui son peuple préserve de souffrance. »

(Registres de l'Hôtel-de-Ville de Paris.)

Outre les Mystères sur place, il y avait encore des *mystères ambulans*. Dans les processions solennelles et extraordinaires, il était d'usage de faire figurer des personnages qui, montés sur des chars ou suivant à pied, exécutaient quelque scène capable d'édifier les assistans. « Dans une procession solennelle faite « pour la paix en 1404, après les saintes « reliques paraissait le *Mystère du Juif*, « c'est-à-dire une représentation dra- « matique de tout ce qui s'était passé « dans le treizième siècle, lorsque l'on « mena au supplice un juif sacrilége qui « avait percé la sainte hostie. » (His- toire de la ville de Paris.) « Le juif était « dans une charette, lié, comme on le « menait ardoir (brûler), et après ve- « noit la justice, sa femme et ses enfans.»

[illegible]
[illegible]
[illegible]
[illegible]
[illegible]
[illegible]
[illegible]
[illegible]
[illegible]
[illegible]
[illegible]
[illegible]
[illegible]
[illegible]

I.

—

Aux divers genres de spectacles que nous venons de passer en revue, aux *Jeux* des *Trouvères,* aux *Entremets,* et aux *Miracles* des entrées solennelles, si l'on joint les *cantiques* dialogués et historiés des pélerins, on aura la nomenclature à peu près exacte des essais dramatiques accidentels qui ont précédé et amené les représentations théâtrales régulières. On attribue même plus particulièrement aux pélerins que nous venons de citer, l'initiative de l'établissement du premier théâtre fixe à Paris. En effet, tous ces pieux vagabonds, errant sans cesse de Jérusalem à Saint - Jacques de Compostelle, de la Sainte - Baume à Saint-Remi, et du mont Saint-Michel à Notre - Dame du Puy, ne se réunissaient nulle part en plus grand nombre qu'à Saint-Maur-des-Fossés, près Vincennes, alors lieu favori de pélerinage et de plaisir des Parisiens. On sait que ces pélerins vivaient exclusivement d'aumônes, et qu'ils étaient dans l'usage de solliciter la bienveillance publique en psalmodiant de longs cantiques sur la vie et la mort du Christ, le martyre et les miracles des saints. Ils eurent donc l'idée de profiter de leur réunion pour accomplir en corps ce qu'ils n'exécutaient auparavant qu'isolément, et ils transformèrent en action dialoguée leurs interminables monodies.

Ce spectacle parut trop séduisant aux Parisiens pour qu'on ne désirât pas le fixer dans la capitale. Des bourgeois l'essayèrent, et, comme il n'y avait point alors d'administration chargée d'encourager les beaux-arts, ils réussirent tout de suite. Vers 1402, réunis en *confrérie* dite *de la Passion*, ils établirent à l'Hôpital de la Trinité le premier théâtre fixe qu'on ait fondé à Paris. Depuis cette époque, l'histoire chronologique du théâtre français est bien fixée par les titres authentiques, et par les monumens qu'on a recueillis; elle a fait le sujet de plusieurs ouvrages, et, sans nous arrêter à en signaler les phases, nous nous occuperons de la mise en scène, objet de ce travail.

Ce n'est point à Paris qu'il faut, pour s'en former une juste idée, étudier la mise en scène des Mystères. Là les confrères, renfermés dans les bornes données d'un édifice, n'eurent jamais qu'un théâtre circonscrit, une scène rétrécie. C'est à ces représentations magnifiques, exécutées dans les principales villes de province, et qui, nécessitant parfois des années entières de préparatifs, rassemblaient la population de toute une contrée; c'est là qu'il faut se transporter en idée pour saisir dans tout son développement la vaste machination de cet étrange spectacle. Aussi est-ce principalement sur les théâtres de province qu'il convient de s'arrêter. Là, la scène, assise dans une plaine, sur une place publique, à l'extrémité d'une rue spacieuse, s'étendait *ad libitum* en hauteur et en largeur, selon la multiplicité des lieux où devait se passer l'action. Là, tout endroit d'où l'on pouvait apercevoir le théâtre était propre à recevoir des spectateurs. Une enceinte réservée, garnie de bancs, ou des siéges, que chacun se faisait apporter, rassemblait l'élite de la contrée; au-delà, la terre jonchée de paille et de feuilles, les fenêtres tapissées, l'intervalle des pignons aigus, regorgeaient de spectateurs. Quelquefois cependant le champ du théâtre, non moins étendu en espace, était plus régulier dans ses formes générales; à Doué, près Saumur, les représentations avaient lieu dans un amphithéâtre creusé dans le roc, subsistant encore de nos jours, et pouvant contenir, dit-on, quinze mille spectateurs. A Bourges, en 1536, pour représenter le mystère des Actes des Apôtres, on fit « sur le circuit de l'an-

« cien amphithéâtre ou fosse des arè-
« nes, un amphithéâtre à deux étages,
« surpassant la sommité des degrés,
« couvert et voilé par-dessus pour gar-
« der les spectateurs de l'intempérie et
« ardeur du soleil, tant bien et excel-
« lemment *point* d'or, d'argent, d'azur
« et autres couleurs, qu'impossible est
« le savoir réciter. » (Lassay, *Hist. du Berry*.) En 1516, à Autun, suivant le témoignage du célèbre jurisconsulte Chassané, témoin oculaire, on fit con-struire au milieu de la grande place, pour représenter les mystères, un amphithéâtre en bois de charpente, assez vaste pour contenir quatre-vingt mille personnes. En 1534, enfin, on joua la Passion à Poitiers, «au marché de ladite
« ville, en un théâtre fait en rond, fort
« triomphant. »

Ces citations suffisent pour prouver que, dans quelque cas, le théâtre pou-

vait être regardé comme complet, c'est-
à-dire qu'indépendamment de la scène,
il possédait encore une enceinte édi-
fiée, régulière, et même couverte, des-
tinée à recevoir les spectateurs; mais la
plupart du temps, cette enceinte manquait, et la scène, seule, constituait le
théâtre. A Caen, par exemple, on choisissait ordinairement une rue plus élevée à l'une de ses extrémités qu'à l'autre,
et ayant des portiques de chaque côté.
Le théâtre était placé à l'extrémité do-
minante; les fenêtres et les porches la-
téraux formaient les loges, et l'espace
vide de la rue était occupé par la foule
des spectateurs. Comme c'est surtout
de la scène, dans ses distributions générales et accidentelles, dans ses décors
et accessoires, qu'il est ici question,
peut-être, avant d'entrer dans le détail
de ces dispositions, convient-il d'exposer les motifs qui conduisirent à les

adopter; on comprendra d'autant mieux l'explication de cette machination, lorsqu'on en aura admis la nécessité.

On s'est, jusqu'ici, formé une idée très-imparfaite de la scène des Mystères; les renseignemens historiques, à l'aide desquels seulement on peut espérer de reconstruire ces étranges édifices, étant toujours tronqués, vagues et souvent, en apparence, contradictoires. C'est qu'en effet la disposition généralement adoptée n'était point tellement fondamentale et rigoureuse, qu'elle ne subît, selon les localités ou le caprice des entrepreneurs, d'importantes modifications. Les trois unités, et surtout celle de lieu, étaient absolument inconnues aux auteurs des Mystères. Leur action, véritable chronique dialoguée, progressive, multiple, n'admettait aucun récit, n'avait recours à aucune ellipse de temps, ne supportait aucun événement accompli hors de la vue des spectateurs. La vie entière du Christ, dans le Mystère de la Passion, se déroulait successivement avec tous ses détails prolixes, ses accessoires concomitans, ses incidens épisodiques; l'auteur, suivait pas à pas la chronique sacrée, et loin de chercher à ramener tous les événemens vers quelques localités choisies comme centre d'action, il les dispersait, au contraire, en autant de lieux différens que le sujet paraissait en indiquer. L'action était toujours, si l'on peut s'exprimer ainsi, par voies et par chemins, sautant continuellement d'un endroit à l'autre, quand, par surcroît, elle ne se passait pas en plusieurs endroits distincts à-la-fois. Pour que les spectateurs pussent se rendre compte de ces perpétuelles mutations, il fallait qu'elles s'exécutassent en réalité sous leurs yeux, sans quoi la pièce entière n'eût été qu'une longue charade en action. Or, il n'était que deux moyens possibles : ou que le théâtre changeât en effet de décorations presque à chaque instant, ou qu'il offrît simultanément tous les lieux où les péripéties de l'action pouvaient conduire les personnages. Le premier moyen ne paraît jamais avoir été tenté par ceux qui exécutèrent les mystères ; quoique l'art du machiniste ne leur fût point inconnu, comme on en a de nombreux exemples, peut-être n'était-il pas assez perfectionné pour répondre aux exigences de cette perpétuelle mobilité, et produire des changemens à vue avec une telle continuité, qu'aujourd'hui même elle mettrait en défaut nos plus habiles machinistes. Il fallait donc, de nécessité absolue, adopter le second moyen, quelques difficultés, quelques invraisemblances qu'il en résultât, et

montrer à-la-fois autant de scènes différentes et distinctes que pouvait l'exiger l'action. C'est aussi ce parti qu'a-
doptèrent les *impressarie* des mystères.
Tant que dura la vogue de ce genre
de spectacle, ils n'y renoncèrent jamais, et cette particularité donna à leur
théâtre ces formes insolites dont la tradition s'est conservée dans ces *tryptiques* promenés encore aujourd'hui de
foire en foire par nos marchands de
cantiques, et dont chaque case reproduit un épisode de l'histoire de saint
Jacques ou de saint Hubert.

Entrons maintenant dans la description de cette scène, telle que devait la
faire la nécessité de représenter à-la-fois
une foule de lieux divers, paradis, enfer, temples, habitations, palais, chau-
mières, places publiques, campagnes et
déserts. Le moyen le plus simple de
réaliser ce cadastre dramatique, c'était

da disposer toutes ces décorations sur une ligne, comme les tableaux divers composant une galerie. Et, si l'on prend à la lettre certaines descriptions qui nous restent des représentations fameuses, il est évident que telle était, dans certains cas, la disposition du théâtre ; tout alors était de plein pied, et, pour peu que la série des lieux à représenter fût nombreuse, le théâtre atteignait en largeur des dimensions excessives et pouvait embrasser la demi-circonférence d'une vaste place publique. Tel paraît avoir été, entre autres, le théâtre élevé à Rouen, en 1474, aux fêtes de Noël, pour y représenter le *Mystère de l'Incarnation et Nativité* ; « et estoient les *establies* assises en la « partie septentrionale du neuf mar- « chié, depuys l'hostel de la *Hache* « *couronnée* jusqu'en l'hostel où pend « l'enseigne de l'*Ange*. — Premièrement

« vers orient, paradis, etc. » Vient ensuite l'indication de vingt-deux scènes
différentes, et enfin l'enfer, et les limbes
qui devaient être situées à l'extrémité oc-
cidentale. Quelques interprétations que
plusieurs auteurs aient essayé de faire
subir à cette description pour la faire
concorder avec leurs hypothèses, il est
impossible, en se tenant à la lettre, d'y
rien voir autre chose qu'une série de
scènes disposées sur une seule ligne
et s'étendant sur une grande partie de
la circonférence de la place. Mais les
proportions démesurées de cette forme
de théâtre et la nécessité, pour l'intérêt
du sujet aussi bien que pour la commodité des spectateurs, de concentrer
l'action dans l'espace le plus restreint
possible, firent que, généralement, on
adopta la division par étages. Dans cette
disposition, le théâtre, formé de plusieurs étages, de galeries superposées,

en retraite les unes des autres, ou per-
pendiculaires, s'élevait pyramidalement
jusqu'à une grande hauteur. Chaque
étage était affecté à une ville ou province, telle que Rome, Jérusalem, la
Judée,... et se subdivisait, au moyen de
cloisons, en un plus ou moins grand
nombre de scènes partielles qui représentaient les diverses localités, telles,
par exemple, que le temple, le pré-
toire, le palais d'Hérode, etc. Qu'on se
figure une maison, haute de cinq à six
étages, subdivisée en un grand nombre
de pièces, et dont la façade totalement
enlevée laisse voir du haut en bas tout
l'intérieur diversement décoré, on aura
une idée exacte de la forme de théâtre
que nous venons de décrire.

On trouve rarement mentionnée une
troisième forme de théâtre, qui était en
quelque sorte une extension des deux
précédentes. Elle paraît avoir été prin-

cipalement adoptée lorsque le nombre
des lieux à représenter était trop considérable pour qu'un seul échafaud,
quelque haut et quelque large qu'il fût,
pût les contenir tous. On construisait
alors plusieurs théâtres disposés à côté
les uns des autres, ayant chacun plusieurs étages, et présentant un certain
nombre de décors différens. Chacun de
ces théâtres était probablement affecté
aux différentes divisions d'une même
pièce, comme, par exemple, aux différentes journées dans le mystère de la
Passion. Ce vaste déploiement de décorations paraît même avoir été indispen-
sable lorsqu'on voulait jouer, sans
intervalle, et sans être obligé de renouveler chaque jour la face du théâtre,
quelqu'un de ces grands mystères, tels
que celui de la *Passion*, du *Vieil Testament*, ou des *Actes des Apôtres*, dans
lesquels le nombre des lieux distincts

à représenter ne s'élève pas à moins d'une centaine. Alors, un seul échafaud, quelque immense qu'on le suppose, ne pouvant contenir autant de divisions, on était forcé d'en élever plusieurs sur lesquels le drame se promenait successivement. Quoiqu'une semblable disposition ait dû se rencontrer assez fréquemment, ce n'est guères cependant qu'à l'occasion d'une représentation de la *Passion*, jouée à Angers en 1486, avec une magnificence extraordinaire, que nous trouvons la mention positive d'un théâtre aussi compliqué. Il est dit que le théâtre construit au bas des halles avait « cinq eschaffautz à plusieurs éta- « ges couverts d'ardoises, » et que le paradis, qui était le plus élevé, contenait deux étages.

Le théâtre, pris d'une manière générale et dans son ensemble, s'appelait le *Parc* ou le *Parquet*. « L'an 1437, fust

« faict, à Metz, le jeu de la Vengeance
« Notre Seigneur Jésus-Christ, au propre
« *parc* que la Passion avait été faicte. »
(Chronique de Metz). « Entrant ung
« jour dedans le *parquet* » (Rabelais).
La scène, prise également d'une manière
générale, s'appelait l'*eschaffaut*, le *jeu*
ou le *parloir*. Les différens étages portaient le nom d'*établies*. Leurs divisions,
dont chacune constituait une scène
indépendante de toutes les autres, rece-
vaient les dénominations de *siéges*,
mansions ou *loges*. C'est probablement
à cause de l'analogie de forme et de position, qu'on ne peut manquer de saisir
entre ces compartimens des théâtres
anciens et les divisions des galeries
usitées dans les nôtres, que ce nom de
loges a été retenu pour ces dernières.

Quoiqu'il ne subsiste, à notre connaissance, aucun monument présentant la scénographie exacte d'un théâtre

de mystères, et que cette lacune rende aujourd'hui d'une extrême difficulté l'exposition de cette singulière construction, cependant, en s'aidant d'une foule de passages plus ou moins explicites contenus dans les pièces elles-mêmes, et surtout des indications fournies par un grand nombre de monumens dont on peut supposer avec raison que la disposition, les formes ont été empruntées à ces théâtres, on peut espérer de pousser jusqu'à l'évidence cette espèce de démonstration. Quant à la disposition par étages, les témoignages se présentent en foule pour l'appuyer; nous avons déjà vu les historiens, témoins oculaires, mentionner le nombre d'étages auquel s'élevaient les échafauds qu'ils décrivaient; un chroniqueur de Metz, rapportant une représentation de la Passion, jouée en cette ville en 1437, dit que le théâtre fut fait « d'une très-

« noble façon, car il estoit de neuf siéges
« de haut »; et il ne peut y avoir d'équivoque sur le nom de *siéges*, qui, dans
ce cas comme ailleurs, signifie les divisions de la scène; car il ajoute que :
tout autour estoient grans siéges et lon-
ges pour les seigneurs et dames. Mais
une preuve décisive se tire de ces aver-
tissemens de l'auteur pour la mise en
scène, semés dans chaque pièce, par les
quels, lorsqu'une vision doit avoir lieu,
il a soin d'avertir que l'endroit où elle
se passera soit situé au-dessous de celui
d'où l'envoyé céleste doit descendre.
Ainsi, dans le *mystère de la Résurrec-*
tion, les apôtres attendant la venue du
Saint-Esprit dans le cénacle, l'auteur
avertit que : « la dicte maison du cé-
« nacle doit estre dessoubz paradis. »
C'est encore ainsi qu'est placée la chambre de la Vierge Marie dans les mystères
de *l'Incarnation et Nativité.* Des cita-

tions analogues pourraient être accumulées; puis il existe des monumens qui peuvent également jeter quelque lumière sur l'objet qu'il s'agit ici d'éclaircir. A cette époque de demi-civilisation, le domaine de l'imitation manquant de toutes les parties que l'érudition et la critique y ont depuis ajoutées, était beaucoup plus borné; les artistes se trouvaient contraints, pour exprimer leurs idées, d'imiter tout ce qui les entourait, ce qu'ils voyaient tous les jours; ils ne sortaient point en quelque sorte du monde positif, de l'époque contemporaine. S'ils avaient à représenter Dieu le Père, ils ne savaient pas d'autre moyen d'exprimer sa suprématie, qu'en le décorant de tous les attributs de la puissance impériale et papale; c'était sous la figure d'un pape ou d'un empereur qu'ils le peignaient. Les anges étaient affublés d'aubes et de chappes

de diacres, et les chérubins chantaient
les louanges du Très-Haut au lutrin. En
même temps, on battait les murs de
Troie en brèche avec du canon; on im-
molait Priam au pied d'un autel chargé
de cierges et de crucifix. Il résultait
de cette impropriété d'imitation, que
lorsque les artistes, au lieu d'un fait
unique, voulaient représenter une série
de traits de la vie d'un personnage,
peindre une histoire entière, ils empruntaient l'artifice qu'ils voyaient employé par les auteurs des Mystères; ils
divisaient leur sujet par étages, le subdivisaient par des compartimens; ils pla-
çaient les cieux au sommet, et l'enfer à
la partie inférieure, sous la figure d'un
énorme dragon à gueule béante. Il ne
faut donc point douter que, toutes les
fois que nous rencontrons dans un
monument ces formes caractéristiques,
nous n'ayons jusqu'à un certain point,

sous les yeux, la scénographie d'un théâtre de Mystères.

Les tympans occupant la partie supérieure des porches des grandes églises gothiques reproduisent cette distribution d'une manière frappante. Quelque sujet qu'on y retrouve figuré, c'est presque toujours la même disposition : trois étages les divisent : le ciel, la terre, les enfers. Que l'artiste ait voulu représenter la résurrection : au rang supérieur, le Christ, déjà monté aux cieux, siège à la droite de son père; à l'étage intermédiaire, il accomplit différens épisodes terrestres de sa passion; au rang inférieur, qu'un encadrement de dents aiguës, simulant une gueule ouverte, caractérise fréquemment, il délivre des limbes les patriarches et les élus. Telle était la distribution de l'échafaud où se jouait le mystère de la *Résurrection et Ascension*. Enfin les divers monumens de sculpture en bois ou en ivoire, connus sous le nom de tryptiques, de tabernacles, et servant jadis d'oratoires particuliers, nous représentent également, d'une manière fidèle, la disposition d'un théâtre de Mystères. Les diverses scènes y sont distribuées en étages, subdivisées en compartimens, et toujours de manière à ce que la partie supérieure représente le paradis, et la plus basse l'enfer.

On pourrait indiquer de nouvelles analogies dans les *histoires* sculptées qui enclosent le chœur de certaines cathédrales, dans les monumens proto-typographiques connus sous le nom de *Bibles des pauvres*, et retrouver enfin la tradition dégénérée des Mystères dans ces petites *passions mécaniques* promenées dans nos campagnes, et qui, dans leur sujet, leur disposition, et jusque dans leur naïveté, ont conservé le caractère frappant du type primitif.

Comme le théâtre, dans les sujets tirés de l'histoire sacrée, était presque invariablement formé des trois parties que nous venons de nommer, nous les décrirons successivement d'une manière générale, en rattachant à chacune d'elles tous les faits dignes de remarque que la lecture des Mystères peut présenter.

III.

—

Suite des Mystères. — Le Paradis. — Le Purgatoire.
Les Limbes.—L'Enfer.—Un *Libretto* en 1402.

Le *paradis* occupait la partie la plus
élevée de l'échafaud; c'était là que se
déployait toute la magnificence des
peintres et des ordonnateurs de spectacles; les recommandations des auteurs sont toujours précises sur ce
point; l'un veut « qu'il soit nué et es-
« toilé très-richement;» un autre «qu'il

« soit ouvert, faict en manière de
« throsne et recous d'or tout autour ;
« au milieu duquel soit Dieu en une
« chaiere parée, et au costé dextre de
« lui Paix, et soubz elle Miséricorde. Et
« au senestre Justice, et soubz elle Vé-
« rité ; et tout autour d'elles, neuf or-
« dres d'anges, les uns sur les autres. »
Un orgue faisait toujours partie de son
matériel ; il servait à accompagner les
chœurs des anges, à les suppléer même,
à manifester la mansuétude ou la co-
lère divine. Quand Jésus-Christ entre
en triomphe dans Jérusalem : « Ici se
« faict un doulx tonnoire, en paradis,
« de quelques gros tuyaux d'orgue »
(Myst. de la Passion). Quand le Saint-
Esprit descend sur les apôtres, « se
« doibt faire un tonnoire d'orgues, et
« qu'ils soient bien concors ensemble. »
(Myst. de la Résurrection, par L. Michel.) Cet orgue cependant n'excluait

point un orchestre également placé dans le paradis , pour accompagner les chœurs séraphiques ; ainsi , lorsque Dieu annonce à la cour céleste que le Messie prendra naissance, celle-ci en témoigne son allégresse par les cantiques, « adonques chantent, et puis « les joueurs d'instrumens derrière les « anges répètent, tandis, des anges qui « tiennent les instrumens font manière « de jouer. » (Myst. de l'Incarnation et Nativité.)

Les *conducteurs* des mystères, théologiens non moins subtils que les scholastiques, distinguaient quelquefois le *paradis* des *cieux*. On a déjà mentionné un paradis « à deux étages, » où probablement l'on avait établi cette subdivision; mais dans la *Moralité de l'homme juste et de l'homme mondain*, il est fait une distinction expresse entre le paradis et les cieux. Le premier était le séjour particulier de la majesté divine et des saints : « Est à noter que paradis sera « faict au côté des cieulx un peu assez « loin, et dans ledict paradis y aura la « Trinité , Nostre-Dame et les saints « suivant leur ordre. » Ces saints, d'après les indications que fournit la pièce, devaient être au nombre de cinquante au moins.

Dans les cieux siégeaient les juges qui décident du sort de l'âme juste ou mondaine ; c'étaient saint Pierre, saint Michel portant des balances ; la Miséricorde divine présentant la défense. Le diable remplissait les fonctions du ministère public.

Une troisième fraction du séjour céleste, distincte des deux précédentes et à l'usage de quelques mystères seulement, était le paradis terrestre. Voici comment Michel , auteur du *Mystère de la Résurrection*, recommande de le faire.

« *Paradis terrestre doit estre faict de*
« *papier, au-dedans duquel doit avoir*
« *branches d'arbres, les uns fleuris, les*
« *autres chargés de fruictz de plusieurs*
« *espèces, comme cerises, poires, pom-*
« *mes, figues, raisins et telles choses*
« *artificiellement faites, et d'autres*
« *branches vertes de beau may, et des*
« *rosiers, dont les roses et les fleurs*
« *doivent excéder la hauteur des car-*
« *neaux* (créneaux), *et doivent estre de*
« *fraiz coupez et mis en vaisseaux plains*
« *d'eau pour les tenir plus freschement.*»
Unique où multiple, le paradis devait avoir des dimensions très-étendues.
On a vu qu'il contenait un orgue, quelquefois un orchestre de musiciens ca-
chés derrière les acteurs, et neuf ordres
d'anges rangés circulairement autour du
trône du père éternel. Dans le *Mystère*
de la Résurrection, Jésus conduit avec
lui cinquante-et-une âmes bienheureuses

3.

qu'il a tirées des limbes, et les incor-
pore, suivant une certaine proportion,
dans ces neuf ordres, où, pour les recevoir, « *doivent estre appareillées les*
« *chaieres selon ce nombre.* » On ne
peut supposer un nombre d'anges
moindre, pour chaque rang, de celui
des élus qu'on introduit parmi eux ;
c'est donc déjà plus de cent figurans
qui devaient trouver place dans le paradis, sans les principaux personnages.
A la vérité, il paraît que beaucoup de
ces anges étaient des enfans ; car on
trouve, parmi les employés à la représentation d'un Mystère, un certain Jean
Lucien, « mettant en ordre les enfans
« anges en paradis ; » mais, dans la
même énumération, on trouve également des anges qualifiés par leurs
noms et surnoms, et ceux-là devaient
être, sans doute, des adolescens ou des
hommes faits.

Un des commensaux du paradis était le Saint-Esprit ; mais comme il était toujours représenté sous la forme d'un pigeon blanc (*colomb blanc*), les paroles de son rôle étaient prononcées par un interlocuteur placé hors de la scène, comme cela se pratique encore aujourd'hui aux ombres chinoises et chez Polichinelle. Ainsi, dans le *mystère des Apôtres*, le Saint-Esprit, ordonnant à ceux-ci d'envoyer Barnabé prêcher en Asie, « ces paroles sont « proférées de par le Saint-Esprit, par « la bouche d'ung séraphin, ou d'ung « autre ange, selon que l'on verra estre « le plus convenable. »

La décoration de l'enfer et des limbes n'étaient point sur les échafauds. Au bas du théâtre paraissait une énorme tête de dragon, dont l'entrée, qui aboutissait sous le théâtre, assez large pour y laisser passer plusieurs personnes, s'ouvrait et se fermait lorsque les diables y voulaient entrer ou en sortir.

Il paraît que pour l'enfer on dérogeait à la coutume généralement adoptée, d'offrir constamment toutes les les parties de la scène ouvertes et patentes aux yeux des spectateurs. L'enfer était généralement fermé, et ne s'ouvrait que lorsqu'une scène devait s'y passer, ou dans les limbes et purgatoire, qui y étaient contenus. Toujours ouvert, il eût été peu naturel d'y faire tenir les démons en repos lorsqu'ils ne prenaient point part à l'action; et en mouvement, ils eussent trop détourné l'attention des spectateurs. Au reste, l'auteur indique ordinairement le moment où l'enfer s'ouvre, par ces mots ou d'autres analogues : « et est l'enfer ouvert... » Et sa fermeture, par ceux-ci : » et se « reclost la gueulle d'enfer... »

Un des intermèdes infernaux les plus

ordinaires était lorsque les diables avaient enlevé une âme de la laisser courir dans *le jeu* pour la rattraper, et la laisser courir de nouveau, comme le chat fait la souris : Adonc les diables « laissent aller l'âme parmi le jeu, et « courrent tous après... » (Mystère de saint Andry.)

Dans le mystère de l'Apocalypse, Lucifer lance contre Satan plusieurs démons qui sont successivement enchaînés; il leur renvoie un nouveau renfort composé de Satan et de plusieurs autres : « Icy pourra avoir trois ou « quatre *petites bestes* qui figureront « espritz. »

Dans le mystère de la Résurrection, Jésus descend aux enfers et jette Satan enchaîné dans un puits : « Notez que « l'âme de Jésus jette Sathan au puits, « et crie moult horriblement; et icelluy, « puis doit estre édifié jouxte (près) le

« pallour (parloir) de dessus le por-
« tal d'enfer, (c'est-à-dire non pas au-
« dessus, plus haut, mais sur, dessus,
« dans) entre icelluy portal et la tour
« du limbe par devers le champ du
« jeu, pour estre mieux veu. Et doit
« estre faict ledit puits en telle manière
« qu'il ressemble par dehors estre mas-
« sonné de pierres noires de taille; et
« si doit estre si large qu'il puisse avoir
« séparation entre les deux parties
« (dans lesquelles son intérieur sera
« divisé); en l'une desquelles soit faict
« feu de soufre ou autrement, saillant
« continuellement hors du puits. Et
« doibt estre faict par souffler ou autre-
« ment subtilement qu'on ne s'aper-
« çoive. Et en l'autre partie du puits, en
« laquelle sera gecté Sathan, n'aura
« point de feu, et s'en ira ledict Sa-
« than par une fenestre qui sera faicte
« par devers en fer assez bas, et après

« qu'il aura esté gecté, ledit feu doit
« faire plus grande flambe que para-
« vant. »

« Notez bien, voit-on dans le Mystere
de *Bien advisé, mal advisé*, que l'enfer
doit estre en manière de cuisine comme
chez ung grand seigneur, et doit illec
avoir serviteurs à la mode, et doit-on
là faire grant tempestes, et les âmes
doivent fort crier en quelque lieu que
l'on ne les voie point... Adonc chacun
fasse son office, et boute la table, et
frappe sur la table d'un baton, et devez
savoir que la table doit estre noire et
la nappe peinte de rouge. Adonc viennent les serviteurs avecques viandes,
et en lieu d'instrumens infernaux, tous
les diables crient à haulte voix :

« Saulce d'enfer, saulce d'enfer,
« Aux serviteurs de Lucifer. »

« Adonc Sathan vient; lequel apporte de la saulce noire en un vaisseau que les petits serviteurs de Sathan portent. Adonc mettent grande abondance de soufre sur les plats et sur les gobelets, tellement, que quand ilz boivent, *il semble que tout brusle.* Adonc tous les diables renversent la table et tout ce qui est dessus, et font une grande tempeste et un grant bruict en tourmentant et desrompant tout. »

Lorsqu'on apprend aux enfers que le Messie est né (Mystère de l'Incarnation et Nativité) : « Adonc, crient tous les diables ensemble, et les tabours, et autres tonnoires faictz par engins, et gectent les coulleuvrines et aussy faict-on gecter brandon de feu par les narilles de la gueulle d'enfer et par les yeux et aureilles, laquelle se reclost et demeurent les diables dedans. »

(Mystère de la Résurrection de

J. Michel.) Jésus descend aux enfers pour enchaîner Sathan et délivrer les âmes des limbes, il se prépare à en briser les portes : « Icy se doit faire pause, et tous les diables viennent tous à l'entrée d'enfer, et lors, comme espovantés, feront signés admiratifs, en mettant coulleuvrines, arbalestes et canons, par manière de défense, et eulx estant sur le portal, l'âme de Jésus, accompagnée de quatre anges et de l'âme du bon larron, viendra aux portes d'enfer. »

Et plus loin : « Et doit-on tirer aucuns canons et avoir tonneaux pleins de pierres et d'autres choses que l'on doit faire tourner, afin qu'ils fassent la plus horrible noise et tempeste que l'on pourrait faire; après lesquelles choses ainsi faictes, silence doit estre imposé. »

Les scènes où les diables paraissaient

excitaient un tel enthousiasme chez les dilettante du genre, que l'on voulut aussi composer des poèmes où l'on n'introduirait que des acteurs de cette espèce. Déjà, comme on le sait, presque tous les Mystères et Moralités sont remplis de ces scènes; mais il en est également plusieurs où des acteurs diaboliques figurent exclusivement. Ces pièces portent le titre de *grande diablerie, petite diablerie. Grande*, dit Le Duchat, quand il y avait quatre, ou plus de diables; *petite*, quand il y en avait moins de quatre. — Il paraît, en outre, qu'on donnait le nom de diablerie à la troupe d'acteurs qui jouaient spécialement les scènes infernales dans les mystères de la Passion, ou autres, et que de là, on en vint quelquefois à désigner ainsi toute la troupe ou un mystère quelconque. C'est dans ce sens que Rabelais, faisant parler Villon à ses acteurs, dit : « Je despite la dyablerie de Saumur, etc... »

Quelquefois, il y avait sur la scène des diablotons, c'est-à-dire des diables en forme de petits enfans, dont les fonctions étaient principalement d'amuser les spectateurs par quelques lazzis comiques, tels que de poursuivre sur la scène des âmes qui cherchaient à leur échapper, jusqu'à ce que les grands diables vinssent les emporter définitivement.

Rabelais, en racontant une aventure arrivée à Villon, qui entreprit de faire jouer la Passion à Saint-Maixent, décrit ainsi ses acteurs diaboliques. « Ses dyables estoient tous capparassonez de peaulx de loupz, de veaulx et de béliers, passementées de testes de mouton, de cornes de bœuf et de grands havetz de cuisine, ceinctz de grosses courrayes, esquelles pendoient grosses cymbales de vaches et sonnettes de muletz, à bruict horrifique. Tenoyent en main aulcuns bastons noirs plains de fusées; aultres pourtoyent longs tizons allumez, sus lesquelz à chascun carrefour jectoient plaines poingnées de parasine (poix-résine) en pouldre, dont sortoyt feu et fumée terrible. » (Pantag. liv. iv. chap. 13.)

Dans le Mystère des Apôtres, Simon le Magicien, appelle à son aide les esprits infernaux. « Icy doivent venir d'enfer aucuns dyables comme chiens faitz. » Ceux-ci, n'ayant aucun pouvoir sur saint Pierre, auquel le magicien les envoie, celui-ci fait de nouveau « grandes adjurations et conjurations, et doit ung dyable venir en forme d'ung chien; et doit être Cerberus, et fault qu'il ait dents apparoissants. »

Dans le *Mystère du Roi advenir,* Satan vient tenter un des preux de ce roi, sous forme d'un taureau. « Icy il y aura ung cuir de bœuf. »

Dans le *Mystère de saint Andry*, cet apôtre ordonne aux démons d'abandonner quelques habitans de Nicomédie qu'ils possédaient; ceux-ci sortent sous la forme de gros chiens noirs, et, avant de rentrer aux enfers, ils étranglent le fils d'un notable pour fournir à l'apôtre l'occasion de le ressusciter.

Dans leur *Histoire du Théâtre français*, les frères Parfait prétendent que les scènes infernales que l'on rencontre fréquemment dans les Mystères, et où l'on voit des diables en tourmenter d'autres, les jeter dans des brasiers etc., ne s'exécutaient point aux yeux des spectateurs; mais que la bouche de l'enfer étant close, ils entendaient seulement le dialogue des diables. Ils n'apportent aucune preuve de cette assertion, et je suis persuadé qu'elle peut être contestée.

Après les scènes infernales on voit presque toujours indiqué : *Icy fait tempeste en enfer.* Il faut supposer que c'était un grand fracas que l'on faisait entendre, accompagné de quelques *flambées;* mais c'était seulement pendant les scènes où les diables n'avaient aucune part que l'enfer restait fermé; car Satan, qui est l'espion sur la terre de tout ce qui s'y passe, revenant apporter des nouvelles, dit :

Ne me tenez plus vos huys clos ;
Ouvrez-moi promptement vos portes.

Lorsqu'il se livrait quelque combat, et qu'il restait des morts sur le carreau, c'étaient les diables qui se chargeaient de débarrasser la scène, en chargeant âmes et corps dans une charrette, une brouette, ou même une hotte, suivant l'importance de la capture. Ainsi, dans le

Mystère des Apôtres, l'âme d'Hérode est emportée en charrette; celle d'É-géar, dans le Mystère de saint Andry, en brouette; et enfin celle du mauvais riche, dans une hotte.

C'étaient les diables qui tiraient la charrette.

> « Il fault mener nostre charrette,
> « Nos trains, nos jougs, nostre brouette,
> « Pour amener payens à force
> « Qui doivent mourir en l'estorce
> « De la guerre jà commencée. »

disent les diables dans le Mystère de sainte Barbe.

A l'avant-scène de l'enfer se trouvaient le purgatoire et les limbes, dont le Mystère de la Résurrection nous a conservé l'exacte et minutieuse description. « Notez que le Limbe doit estre au costé du parloir, qui est sur le portal d'enfer, et plus hault que ledit parloir, en une habitation qui doit estre

en la fasson d'une grosse tour quarrée,
environnée de retz et de filetz ou d'autre
chose clere, afin que parmi les assistans
on puisse voir les âmes qui y seront, et
quand l'âme de Jésus aura rompu la
dicte porte, et sera entré dedans. Mais
paravant la venue de l'âme de Jésus en
enfer, ladicte tour doit estre garnie tout
à l'environ par dehors de rideaux de
toille noire qui couvriront par dehors
lesdits retz et filetz et empescheront que
on ne voye jusques à l'entrée de ladicte
âme de Jésus; et, lors à sa venue, seront iceux rideaux subtilement tirés à
costé, tellement que les assistans pourront veoir dedans la tour. Et notez que,
à la venue de l'âme de Jésus, doit avoir
plusieurs torches et fallots ardens dedans ladicte tour, en quelque lieu qu'on
ne les puisse veoir, qui feront grant
clarté, et derrière ladicte tour en ung
autre lieu qu'on ne puisse être veu, doit

avoir plusieurs gens crians et gullans horriblement tous à une voix ensemble, et l'ung d'eux qui aura bonne voix et grosse parlera, après ce faict, pour luy et pour les autres âmes dampnées de sa compaignie, etc. »

« Puis, doit avoir ung autre limbe réputé pour les petits enfans non circoncis, et sans avoir eu remède contre le péché originel. Lequel limbe des petits enfans doit estre au-dessoubz de celui des pères, dont une âme d'enfant, pour soy et pour les autres, et étans avecques, elle dit, etc.

« Il est à noter que la chartre du purgatoire doibt estre au-dessoubz du limbe, à costé, auquel doit avoir dix âmes, sur lesquelles doit apparoir semblans d'aulcuns tourmens de feu artificiellement faicts par eau-de-vie, et d'icelluy purgatoire, l'âme de Jésus rompra la porte pareillement à force, et puis entrera dedans accompagnée desdicts anges. »

Comme renseignement sur la disposition générale de la scène, ce qu'on peut consulter de plus complet et de plus curieux, c'est assurément ce *libretto* du *Mystère de la Résurrection*, extrait d'un manuscrit de la bibliothèque royale (n° 7268-33-A).

En ceste manere reçiton
La seinte Resureción.
Primerement apareillons
Tus les luis (lieux) et les mansions (maisons).
1. Le crucifix primerement,
Et puis après le monument (sepulchre).
2. Une jaiole (geôle) i deit aver
Por les prisons emprisonner,
4. Enfer soit mis de cele part,
Es mansions de l'altre part,
5. Et puis le ciel, et as estels (étoiles)
Primes Pilate od etes vassals,
6. Six u (ou) set chevaliers aura.
7. Cayphas en l'altre sera,

8. Od lui seit la Juerie (Juiverie);
9. Puis Joseph d'Arimathie
10. El quart (4e) seit dant Nichodemus
11. El quint les disciples (du) Christ;
12. Les treis Maries saient el sis
    Si seit preveu (est entendu) que l'om face
13. Galilée (la ville de) enmi la place
14. Emaus encore i seit fait
    U Jesu-Crist fu à l'hostel trait (conduit)
    Et, cun (quand) la gent (le peuple) est tute assise,
    Et la pès de tute part mise
    Dan Joseph, cil de Arimathie,
    Venge (vient) à Pilate, si lui die, etc. :

Ici commence le dialogue, et toutes les fois qu'il y a quelque jeu de scène, quelque mouvement de personnages, le poète l'indique toujours en quelques vers analogues aux précédens, et qui, du reste, n'offrent aucune particularité que nous n'ayons déjà indiquée.

IV.

—

Suite des Mystères. — Les Écriteaux. — Les Machines. —De quelques jeux de théâtre usités dans les Mystères.—Représentation des *Noces de Cana*.

On ne trouve dans les Mystères aucune mention de rideau, et il est certain qu'il n'y en avait point. Le théâtre était entièrement ouvert, et visible aux spectateurs dès leur arrivée. Les acteurs venaient y prendre place, et le commencement du spectacle était annoncé par une symphonie, un prologue, ou

quelque parade bruyante, capable d'attirer les regards de la foule et, en fixant
son attention, d'obtenir son silence. On
ne trouve la mention de quelque chose
d'analogue à un rideau, que dans un
Mystère; celui du *Vieil Testament* qui
commence par la création. Comme il
paraissait absurde au compositeur que
la terre, les villes, les personnages, etc.,
préexitassent à la création, il avertit
que plusieurs custodes doivent cacher
les *establies* aux yeux du spectateur, et
se tirer successivement à mesure que
Dieu opère la création.

Les frères Parfait disent que, dans
quelque cas, une espèce de niche avec
des rideaux devant, formait une chambre, et cette chambre servait à dérober
aux spectateurs certains détails qu'on
ne pouvait leur présenter, tels que l'ac-
couchement de la Vierge, de sainte
Anne, etc.

« Icy se couche Anne, » dit l'auteur du *Mystère de la Conception,* lorsque le moment de la naissance de Marie est arrivé; et plus loin : « Icy sainte Anne se recouche, et sont tirées les *custodes.* »

Il est évident qu'il y a ici erreur. Ce n'était point « une niche »; mais tout simplement la chambre de la Vierge, de sainte Anne, etc., dans laquelle il y avait un lit fermé de rideaux. Elle se mettait au lit; on fermait les rideaux, mais l'intérieur de la chambre restait entièrement visible.

Quelquefois, ces *custodes* servaient à recéler certaines actions qu'il eût été encore bien plus difficile d'offrir décemment aux yeux des spectateurs. Par exemple : Sara offre Agar à Abraham. « Icy prend Abraham Agar, et la maine en sa chambre. »

Le mystère de la Vengeance se termine par le sac de Jérusalem, et par toutes les horreurs qu'une semblable catastrophe entraîne; le poète n'a point explicitement indiqué tout ce que devaient faire les acteurs en semblable circonstance. Il s'en reposait sans doute sur leur zèle. Cependant, le dialogue indique des soldats qui saisissent des jeunes filles et qui leur font violence, et le *meneur du jeu*, qui vient à la fin de la pièce récapituler tout ce que les spectateurs ont vu, dit en s'adressant à ces mêmes spectateurs :

Vous avez veu vierges dépuceller
Et femmes mariées violer
Qui leur était grant tribulation.

Les frères Parfait prétendent que ceci se passait derrière les custodes, mais sans preuves; beaucoup d'autorités nous inclineraient à penser que les spectateurs n'étaient point privés de cet édifiant spectacle.

(*Mystère des Apôtres.*) L'empereur Claude meurt : « Icy doivent tirer ung rideau, feignant d'ensevelir le corps. » C'était pour épargner le jeu de théâtre d'une trape par laquelle le corps aurait disparu.

Comme économie d'exposition et de dialogue, des écriteaux étaient placés sur chacune des *mansions*, loges, ou cases du théâtre, pour indiquer aux spectateurs ce qu'elles représentaient. Ainsi, on trouve dans le *Mystère du Vieil Testament* que le ciel que crée le Seigneur au commencement, doit porter écrit : *Cœlum empireum;* ce qui prouve en outre que dans un grand nombre de cas, ces écriteaux étaient conçus en latin. Il en était de même des noms des personnages, qui la plupart du temps sont également en latin,

Plus loin, lorsque Dieu crée le paradis terrestre, divisé en ses quatre parties, l'auteur recommande, « que chacun d'eulx soient escriptz et ordonnez. »

Pour la commodité des spectateurs, des écriteaux, attachés au-dessus de chaque échafaud, les instruisaient des localités qu'ils contenaient; on en trouve une preuve évidente dans le prologue du Mystère de l'Incarnation et Nativité, joué à Rouen en 1474; l'acteur s'adresse aux spectateurs :

« Présent des lieux vous les pourrez cognoistre
« Par l'escript tel que dessus voyez estre. »

De ce passage d'un Mystère joué à Metz : « Et fit-on mettre les lanternes aux fenêtres tout ledit jeu durant, » les frères Parfait induisent qu'avant l'établissement de la comédie à l'hôtel de Bourgogne, on se servait de lanternes ap-

pelées lanternes à transparent, qui
faisaient un des ornemens du théâtre,
et qui depuis passèrent aux pâtissiers.
La chose n'est point impossible; mais
certainement dans l'explication de ce
passage, il faut entendre que pendant
toute la durée de la représentation qui
dura plusieurs jours (à Metz), on illu-
mina chaque jour la ville, à cause de
l'affluence immense de seigneurs et de
peuple qui s'était rendue à cette représentation de toutes les provinces voi-
sines; et ces illuminations se faisaient
avec des lanternes. D'ailleurs à Paris,
dans une salle fermée où l'on jouait le
soir, on pouvait faire usage de lanternes; mais la représentation de Metz
eut lieu certainement en plein jour.

Les historiens contemporains parlent
tous avec admiration du mérite des *machines* qu'on nommait alors *secrets.*
D'Oultreman, dans son *histoire* de Va-

lenciennes, citant une représentation qui eut lieu dans cette ville en 1547, dit que les *secrets* du paradis et de l'enfer étaient tout-à-fait prodigieux, et capables d'être pris par le peuple pour des enchantemens; car l'on voyait la *Vérité*, les anges et divers autres personnages descendre de bien haut, devenir comme invisibles, puis reparaître tout-à-coup. De l'enfer Satan s'élevait, sans qu'on vît comment, porté sur un dragon; la verge de Moïse, sèche et stérile, poussait tout-à-coup des feuilles et des fleurs. On vit l'eau changée en vin aux *Noces de Cana*, et plus de cent personnes de l'auditoire voulurent goûter de ce vin. Les cinq pains et les deux poissons y furent multipliés et distribués à plus de mille personnes, nonobstant quoi, il y eut douze corbeilles de de reste. Le figuier maudit par Jésus-Christ parut séché, et ses feuilles flé-

tries en un instant; l'éclipse, le trem-
bleterre, le brisement des pierres et les
autres épisodes de la Passion furent
représentés avec un succès qui fait re-
gretter que le chroniqueur n'ait point
pénétré, pour nous les transmettre, les
moyens employés par les machinistes
du temps. Plus à l'aise que ceux de nos
jours, en ce qu'ils avaient moins d'exi-
gentes critiques à satisfaire, ils abor-
daient intrépidement les cas les plus
difficiles de l'art. Ainsi, l'auteur du
Mystère du Vieil Testament, qui n'avait
point reculé devant la difficulté de présenter le tableau de la Création, n'est
point arrêté par celle de représenter le
déluge. « Ici surmonteront les eaües
tout le lieu-là où l'on joue le Mystère,
et y pourra avoir plusieurs hommes et
femmes qui feront semblant d'eux
noyer. » C'est à tort qu'un écrivain a
pensé que ces eaux étaient réelles et se

bornaient à quelques seaux d'eau dont on arrosait le théâtre. Il est évident que par ces mots : « les eaux surmonteront tout le lieu où l'on joue, » l'auteur n'a pu indiquer que des eaux artificielles, des toiles peintes qui, en s'élevant peu à peu du devant de la scène, finissaient par en dérober tous les objets à la vue.

Voici une des machinations les plus remarquables que présentent les mystères; c'est dans celui des Apôtres. La sainte Vierge, prête à quitter la terre, prie Dieu de faire trouver les apôtres à son trépas. « Icy se doit faire un tonnerre en une nuée blanche qui doit couvrir les apôtres preschans en diverses contrées, et les apporter devant la porte de Nostre-Dame au mont de Sion. » Après la mort et l'enterrement de la Vierge : « Icy doit une nuée couvrir les apostres, puis, par dessoulz terre, chascun doit s'en retourner en sa région ;

durant ce temps, les anges enlèvent au ciel le corps de la Vierge Marie. » Dans la première de ces deux machinations, les nuées apportaient-elles réellement les apôtres devant la porte de la Vierge, ou ne faisaient-elles, en les dissimulant aux yeux des spectateurs, que leur permettre d'y arriver par un chemin secret? c'est ce qui n'est pas bien éclairci par le chroniqueur. Dans la seconde, elle est positive, la nue ne fait que les cacher. Ceci peut encore servir de preuve de la multiplicité des actions simultanées, puisque les apôtres étaient occupés à prêcher chacun dans sa région lorsque la nuée vient les enlever.

Dans le Mystère des Apôtres saint Simon et saint Jude, *l'évêque* païen de Babylone, veut forcer ces deux apôtres à sacrifier dans le temple du soleil et de la lune. « Icy leur monstre ung temple où il y aura deux charriots, l'ung tiré à chevaulz, l'autre à bœufz, et dessus ung soleil, et sur l'autre une lune, et dessoubz lesdits charriots ung Ethiopien noir et terrible. »

Plus loin on veut forcer saint Thomas préchant dans l'Inde à adorer également le soleil. « Icy doit avoir ung temple et ung soleil d'or sur ung charriot mené à chevaulz, et dedans le soleil au derrière ung diable...... Icy doit avoir une idolle qui peut fondre...... » En effet saint Thomas détruit ce vain simulacre par sa puissance. « Icy doit fondre l'idole, et le tout tombe en poudre et le temple cheoit. »

(Mystère des Apôtres.) Lysias, prévôt de Judée, fait mettre saint Paul dans un vaisseau pour le conduire à Rome; une tempête surprend le bâtiment en mer. « Icy doyvent jecter coffres et autres besougnes en la mer, et l'arbre (le mât) doit être de deux pièces, en façon qu'il se puisse rompre. » Le navire est forcé de relâcher à Malte, d'où il reprend sa course, et arrive enfin à Rome. On voit que toute cette traversée s'exécutait sur le théâtre.

L'art du machiniste n'était pas, comme on voit, négligé par les auteurs des Mystères ; les transformations, les vols et certains décors mobiles s'y rencontrent assez souvent. Les plus remarquables et les plus multipliés se trouvent dans le Mystère de la Création, première partie du grand Mystère du Vieil Testament. Au commencement de ce Mystère, plusieurs toiles cachent les *establies* aux yeux des spectateurs. L'acteur qui représente Dieu paraît d'abord seul. « Nota que celuy qui joue le personnage de Dieu doibt estre au commencement tout seul en Paradis. » Il crée d'abord le Ciel. « Adoncques se doibt tirer un ciel de couleur de feu,

auquel sera escrit *cœlum empyreum.* »
Puis les anges : « Adoncques se doivent
monstrer tous les anges, chacun par
ordre, et au milieu d'eulx l'ange Lucifer ayant ung grand soleil resplendis-
sant derrière luy, et se doivent élever
Lucifer et ses anges *par une roue secrètement faicte dessus un pivot à vis.* »
Dieu crée ensuite le jour et la nuit.
« Adoncques se doibt monstrer un drap
peint, c'est assavoir la moitié toute
blanche et l'autre noire. » Il forme ensuite le soleil, la lune, les étoiles, les
arbres, les animaux, qui se montrent
successivement au moyen des toiles
peintes qui les représentent, et qui se
développent aux yeux des spectateurs,
ou bien par le retrait des toiles qui
dérobent la vue des établies. Mais bientôt les anges, par leur rébellion, atti-
rent sur eux la vengeance céleste :
«Adoncques doibvent trebuscher Lucifer

et ses anges le plus soudainement possible, et *doibt avoir autant de diables tous-pretz en l'enfer*, lesquels, en menant grande tempeste, gettent feu dudict enfer. »

On conçoit, en effet, que le paradis étant situé au plus haut du théâtre et l'enfer au plus bas, il eût été impossible de faire tomber directement les diables en enfer; l'auteur y a donc pourvu, en indiquant que les anges punis doivent se laisser tomber à terre, de manière à devenir invisibles pour tous les spectateurs, tandis que d'autres diables se montrant aussitôt en enfer simulent leur chûte subite.

Les frères Parfait, sur ces mots du Mystère du Vieil Testament, lorsque les Hébreux entrent au désert : « Icy fault ung désert, » — ont supposé qu'il y avait là un changement à vue, et qu'une portion du théâtre venait à représenter un désert; mais comme nous n'avons jusqu'à présent aucun autre exemple de ce genre, et que celui-ci est loin d'être concluant, puisqu'il semble indiquer seulement qu'une décoration de désert devait se trouver parmi les autres, on est fondé à croire que les changemens à vue étaient inusités, si ce n'est dans le Mystère de la Création, qu'on vient de citer, et où ce sont moins encore des changemens à vue que des levers de rideau partiels et successifs

Nous avons déjà remarqué ailleurs avec quel soin les auteurs de Mystères présentaient jusqu'aux plus petits détails aux yeux des spectateurs; en voici encore un exemple : dans le Mystère de l'Apocalypse, Domitien apprenant que saint Jean a converti les habitans d'Éphèse, fait aussitôt partir un vaisseau pour lui amener cet apôtre.

Comme les matelots qui doivent monter ce vaisseau sont endormis et la plupart ivres, le pilote les réveille à grands coups de bâton : il fait ensuite charger les provisions nécessaires, pain, vin, viandes salées, morues, harengs, *baleines salées*, cartes et dés. On met à la voile, on arrive à Éphèse. Les agens romains mettent pied à terre, vont au temple et arrêtent l'apôtre, le font monter sur le vaisseau et le ramènent à Rome ; Domitien ordonne qu'on le jette dans une chaudière d'huile bouillante : « Icy faict appreter une chauldière d'huylle, et fourches, boys, charbon, treppiers, et soufflez. » Jean étant sorti de là aussi frais que d'un bain au lait d'amandes, on le conduit en exil dans l'île de Pathmos.

Mettre en action les différentes visions de l'Apocalypse aurait présenté trop de difficultés aux auteurs des mystères ; aussi dans celui qui porte le titre de *Mystère de l'Apocalypse*, l'auteur a-t-il éludé les difficultés de son sujet en se bornant à faire présenter à saint Jean et aux yeux des spectateurs quatorze tableaux dont ce saint rend compte en écrivant ou feignant d'écrire son livre. Un ange lui parle de temps en temps. Ceci se passe en interlocutoire. « Icy se doibt mettre sainct Jehan près de quelque roc, appuyé sur une de ses mains, en forme de contemplation. Et il se fera une grande pause en paradis, musicale ou instrumentalle, cependant que la première vision s'apparoitra. Icy sainct Jehan prend plume, papier et ancre. »

Un des plus brillans spectacles était réservé pour l'Assomption de la vierge Marie, dans le mystère de ce nom. Après la mort de sa mère, au son des instrumens, « orgues, » et environné de flammes brillantes, « flamblées sans cesser, » Jésus vient la trouver ; les apôtres prennent en main des cierges allumés, et saint Michel terrasse Satan. Jésus monte au ciel avec l'âme de sa mère, au milieu des acclamations des anges. Bientôt après il envoie saint Michel enlever également son corps du monument, et le réunir à son âme dans le séjour de la gloire. Tout ceci s'exécute au milieu de nombreuses pauses de musique, toujours indiquées par ces mots : « orgues. »

V.

Par suite de l'habitude de tout représenter sur le théâtre, il arrivait parfois que si des personnages y mouraient, y étaient tués, on procédait sur place à leur inhumation. Ainsi des Juifs, passant en Galilée pour y sacrifier en liberté, sont tués par les satellites de Pilate, et leurs camarades les enterrent sur la scène. D'un autre côté, il s'agit de représenter le Lazare ; mais, pour le ressusciter, il faut qu'il meure, et, par conséquent, qu'il soit malade. Il commence donc à se plaindre d'un grand mal de cœur. Marthe et Madeleine, ses sœurs, lui conseillent de se coucher. « Icy se couche Lazare sur un beau lit paré, et Marthe est d'un costé, et Magdeleine de l'autre, et lui mettent un covre-chef à la teste. » Comme il continue à se plaindre d'une grosse fièvre et d'une grande débilité, Marthe lui offre des conserves et des confitures pour le réconforter ; mais il va plus mal, et, après un nombre infini de plaintes, il expire. « Icy les Juifs ensevelissent

Lazare, puis le portent en terre; et y peut-on porter torches et autres triomphes mortuaires. »

Dans le *Mystère de la Vengeance*, Néron fait ouvrir le ventre à sa mère Agrippine : cette opération est faite sur le théâtre. « Nota qu'ilz la lient icy sur un long banc, le ventre dessus, et faut avoir un corps feint pour l'ouvrir. »

Les supplices, les tortures sont très-fréquens dans les Mystères; il paraît que les spectateurs aimaient à repaître leurs yeux, comme leur esprit dans la méditation des légendes, de ces horribles spectacles offerts dans tous leurs détails. Dans le Mystère de saint Christophé, des disciples de ce saint sont ainsi successivement martyrisés; l'un a la tête tranchée, un autre est écorché vif, un autre tiré à quatre chevaux, un quatrième expire sur un siége garni de pointes en fer, enfin, le dernier est étendu sur une table où on lui coupe les membres l'un après l'autre.

Les serpens, les dragons, les monstres étaient un moyen dramatique très-fréquemment employé par les auteurs des Mystères. Dans celui des Apôtres, la huitième journée est presque entièrement remplie de scènes où les serpens, les dragons, dévorent les incrédules, renversent les autels, etc...

« Icy fault qu'il saille par dessoubz terre ung dragon moult terrible comme ung serpent. »

Tel est, ordinairement, l'annonce de l'apparition de ces singuliers acteurs.

Dans le même Mystère, saint André fait plusieurs miracles dans la Grèce, et entre autres, la délivre d'un serpent monstrueux : « Icy doibt avoir ung chesne planté et se doibt lyer le serpent à l'entour dudict chesne, en criant, et doibt saillir grant quantité de sang et puis meurt. » Sur quoi les frères Parfait ajoutent que le machiniste qui faisait mouvoir le serpent était placé au centre du théâtre. Puis, au moyen d'une corde de crin noir, en attirant l'animal à lui, il le tortillait autour du chêne, sur l'écorce duquel étaient attachées des pointes de fer, qui, perçant la peau du serpent en faisaient sortir une eau couleur de sang.

(Mystère des Apôtres.) Saint Thomas prêchant dans les Indes est condamné par le roi mécréant à marcher sur des charbons ardens. « Icy doibt cheminer pardessus, et en doibt avoir d'autres mis par soubz terre, et doibt avoir force d'eau qui devait faire fumée. » Pour observer les vraisemblances, le bourreau apportait des barres de fer toutes rouges, mais au même

instant on en substituait de froides
sur lesquelles marchait l'acteur.

Il n'était point rare non plus de
voir des animaux paraître sur la scène,
Lorsque Joseph et Marie vont à Bethléem,
ils mènent leur âne avec eux; Joseph
lui fait sa litière et lui donne à
manger.

> Or vous tournez, Bauldet, tournez
> Le museau devers la mangeoire ;
> Vous avez bien gagné à boire
> Car peine avez eue à foison.

« Icy montent Nostre-Dame sur
l'asne, et l'enfant, et s'en vont en
Égypte. »

« Icy ramaine Joseph, Nostre-Dame
et l'enfant sur son asne, comme devant. »

Jésus ordonne à saint Pierre et à
saint Jean de lui amener l'ânesse et
l'ânon qu'ils trouveront attachés aux

murs d'un château voisin : « Icy montent Jésus sur l'asnesse, et y a quatre apostres qui vont devant; Judas maine l'asnesse par le licol, et les aultres apostres vont après. »

(Entrée de Jésus à Jérusalem) : « Ici est Jésus sur l'asne, et *sont bien loing de la cité*, et voyent venir ceulx de la cité, tous, par ordre, portant rameaux vers. Icy s'arrestent tous ung peu loing de la porte de Hiérusalem, et est à noter qu'il se mettra une grande partie du peuple devant Jésus et le résidu derrière. Jésus dessent de l'asnesse, et Judas ramaine l'asne et l'asnesse quelque part *bien loing*. »

Dans le Mystère de sainte Barbe, il s'agit de construire une tour pour y enfermer Barbe; on fait venir des maçons, et ils travaillent sur le théâtre; le livre dit : « *Et il faut qu'il y ait dans le jeu des pierres, des matériaux, de la chaux, afin qu'ils travaillent.* »

Dans la même pièce, Barbe voulant envoyer une lettre, en charge un courrier;
celui-ci monte à cheval, s'arrête plusieurs
fois pour boire en route, arrive à la porte
de la ville, y frappe, et de là se fait
conduire au logis qu'il cherche : tout
ceci s'exécute sur la scène. Sainte Barbe
refusant de sacrifier aux faux dieux,
son père la fait d'abord dépouiller nue,
lier à un poteau, battre de verges et de
fouets, frotter les plaies avec du vi-
naigre et du sel, coucher sur un lit de
cailloux pointus, suspendre par les
pieds, déchirer le corps avec des peignes
de fer, et brûler avec des lampes ar-
dentes, battre la tête avec des maillets
de fer, jeter sur des épées nues et
tranchantes, rouler dans un tonneau
hérissé de clous, traîner par les che-
veux au haut d'une colline, et, enfin,
sauter la tête d'un coup d'épée : tout

ceci se passe à la vue des spectateurs.

Après son sacre, on promène le jeune Salomon sur une mule au son de la buccine. (Mystère du Vieil Testament.)

Saint Paul, lorsque la lumière divine lui apparaît sur le chemin de Damas, est à cheval et en est subitement renversé.

Dans le Mystère des Apôtres, saint Thomas prêchant dans les Indes est insulté par un sommellier. « Icy vient ung lyon qui occist le sommellier et lui arrache une main qu'il emporte. »

Mystère de la Trinité. — Marie vient de mettre au monde le Sauveur : « Icy doibt avoir ung asne et ung bœuf : et si on ne peut trouver des corps de l'asne et du bœuf feincts, soit laissé ce qu'en suit... Mais qui en pourra avoir ils se doibvent agenouiller devant l'enfant et haléner contre luy pour l'eschauffer. Ensuite vient ung chant royal, duquel quant on dit la dernière ligne les bestes s'agenouillent. »

Quand le texte sacré l'exigeait, et d'autres fois comme effet de merveilleux, on faisait parler les animaux qui figuraient dans l'action, mais en leur choisissant des monosyllabes en rapport avec leur accentuation habituelle. Un exemple tiré du *Mystère de la Nativité* rendra plus claire l'explication de ce jeu de théâtre qui, exécuté dans une église, empruntait la langue du rituel.

UN COQ (d'une voix claire et brève.)

Christus natus est !

UN BŒUF (mugissant.)

U......bi !

UN AGNEAU (bêlant.)

Béé...thléem !

UN ANE (brayant.)

Ja......mus (pour *Eamus*.)

Les géans, qui jouent encore aujour-
d'hui un rôle si important dans les
parades et dans les processions espa-
gnoles, figuraient fréquemment dans
les Mystères. Dans le *Mystère de saint
Christofle*, joué à Grenoble, et l'un
des plus curieux par le style et les
événemens, saint Christophe a cette
taille gigantesque que les légendaires
lui attribuent. N'était-ce simplement
qu'un homme de très-haute taille,
exhaussé encore par des socques
élevés tels qu'on en portait alors, ou
un individu monté sur des échasses, c'est ce qu'il est dificile de décider. Seulement, il est difficile d'admettre qu'un acteur eût pu jouer
un rôle aussi long et aussi varié en
incidens que celui de saint Christophe,
monté sur des échasses.

Les jeux de théâtre étaient produits
pour la plupart au moyen de trappes,

nommées par métonymie *apparitions*, semblables à celles de nos théâtres d'aujourd'hui, et servant aux mêmes usages, soit pour faire sortir des acteurs de dessous le théâtre, soit pour les y faire descendre. Lorsque l'ombre de Samuel apparaît à Saül, le poète avertit : « une *apparition* pour Samuel. » Et la preuve que ce nom d'apparition s'appliquait à la trappe et non à l'objet qui apparaissait, c'est que, dans le Mystère de l'Apocalypse, les meurtriers de Darœ, bourreau de Domitien, jettent son corps dans une apparition : « Icy le jettent en l'apparition et s'en vont à Romme.

On faisait dans les Mystères grand usage de trappes soit pour des substitutions de personnages, soit pour tout autre jeu de théâtre. Ainsi, dans le Mystère des Apôtres, Barnabé, prêchant l'évangile aux Cypriens, est conduit au bûcher : « Icy Barnabé soit lyé par le corps et par les pieds contre une charrette, et au millieu ung pillon ou doibt avoir un pertuys pour passer une corde, et par dessoubz terre ung corps fainct comme Barnabé, et faindra le bourreau brusler ledict corps fainct, et se dévallera Barnabé par dessoubz terre. »

Dans le même Mystère des Apôtres, plusieurs disciples de saint Paul sont condamnés au feu. « Icy doivent estre attachez au pillon (pilier), et qu'ilz se puissent devaller en bas secrètement et en leurs lieux reboutter entre le pillon et les fagots aulcuns corps faincts. » — (*Ibid.*) Saint Paul, après son martyre, apparaît à Néron, et vient lui annoncer les châtimens divins. « Icy doibt venir Paul au milieu d'eulx par dessoubz terre. »

Saint Mathias après avoir été martyrisé par les Juifs est enterré. « Icy doibt estre mis en ung sercueil sur une trappe couverte par laquelle s'en aille par dessoubz terre. »

(*Ibid.*) Saint André est mis en croix. « Puis soit saint André descendu de la croix et le doyvent mettre en ung tombeau en sépulture, sur une trappe coullourée, où il s'en puisse aller par dessoubz terre. »

Saint Pierre étant à Rome (Mystère des Apôtres), l'ange Gabriel le visite pour l'engager à souffrir le martyre avec constance; après quoi, il le quitte et remonte au ciel. L'auteur commence par avertir que « l'eschaffault de Rome doit « estre près de paradis, et que l'ange doit aller près d'un pillier de paradis, et se attachera pour monter comme une ascention, et se doit couvrir à l'entrée d'une nuée. »

(*Ibid.*) Saint Pierre après son martyre apparaît à Néron, et le menace de la vengeance céleste; il paraît que, comme saint Paul, un instant auparavant, il vient et s'en va par une trappe; des anges armés de fléaux et bâtons, viennent par le même chemin, et rouent de coups Néron. « Nota que par soubz terre doit avoir gens, ayans fléaux et autres bâtons. »

La machine, au moyen desquels s'exécutait les vols et ascensions, s'appelait la *volerie* ou *voullerye*. « Celuy qui jouait saint Michel descendit par la *voullerye*. » (RABELAIS.)

L'ascension de Jésus-Christ, dans le Mystère de ce nom, était toujours une des machinations les plus importantes que les exécuteurs de Mystères eussent à exécuter. Voici comment elle est indiquée dans le Mystère de la Résurrection de J. Michel, troisième journée. « Jésus prend les âmes des bienheureux,

au nombre de cinquante-et-un, par la
main, et les mènera monter secrètement
en paradis par une voie, sans que on
les voye, mais leurs statures de papier
ou de parchemin bien contrefaictes, jusques audit nombre de cinquante-et-un
personnages, seront attachées à la robe
de Jhésus et tirées à mont quant et
quant Jhésus, et seront les establiz en-
vironnés de nuées blanches. » — On
voit qu'ici l'ascension ne s'exécute que
par la substitution de ces personnages
feints, et que les machinistes avaient
reculé devant la difficulté d'enlever cinquante-et-un personnages se tenant
tous par la main à la file les uns des
autres.

A la tentation de Jésus-Christ dans le
désert : « Se met Jésus sur les épaules
« de Sathan, et par ung soudain contre-
« poys sont guindés tous deux à mont
« sur le hault pinacle (du temple).

« Icy descent secrètement Jésus et
« Sathan, et se trouvent tous deux à
« bas assez loin l'un de l'autre. »

« Icy entre Jésus dedans la montaigne
pour soy vestir d'une robe la plus
blanche que faire se pourra, et une
face et les mains toute d'or bruny, et
un grand soleil à rays bruni par derrière, sera puys levé hault en l'air par
un subtil contre-poys... — Icy descend
une clere nue sur Jésus.» Jésus descend
dedans la montaigne pour retourner
en ses premiers habillemens. »

Judas se pend. « Icy crève Judas par
le ventre et ses tripes aillent dehors,
et l'âme sort » en répandant une foule
de malédictions, et s'en va en enfer;
les diables emportent le corps aux enfers. *« Ici fait tempeste en enfer. »*

Lorsque les Juifs viennent pour sai-
sair Jésus au jardin des Olives, la nuit
règne et les Juifs sont pourvus de *tor-*

ches, lanternes et fallots ; de même lorsque Jésus expire sur la croix, « *Icy se font ténèbres.* » Comment ces ténèbres s'exécutaient-elles, puisque les représentations avaient presque toujours lieu en plein jour ?

Mort de Jésus. « Icy se fera tremblement de terre, et le voile du temple se rompt par le milieu, et plusieurs morts tous ensevelis sortiront hors de terre de plusieurs lieux et iront deçà et delà. »

Dans la première journée du Mystère de Saint-Denis, il se fait une éclipse. L'auteur indique seulement : « Icy se commence l'éclipse » sans ajouter si l'on voit un soleil peint s'éclipser ; mais il est certain que l'obscurité s'ensuit puisque les acteurs disputent sur cette obscurité. Or, comment s'exécutait cette nuit dans une représentation en plein jour et sur un théâtre en plein vent ? c'est ce qu'il n'est pas facile de déterminer; peut-être laissait-on tomber des voiles d'une étoffe noire transparente, comme le crêpe, qui obscurcissaient le lieu de la scène sans le dérober entièrement à la vue des spectateurs.

Comme jeux de théâtre, les épées à lame rentrante n'étaient point inconnues aux acteurs des Mystères. Ainsi saint Thomas (Mystère des apôtres), prêchant dans la Judée, ayant terrassé ses adversaires par ses prodiges, le plus acharné d'entre eux, *l'évesque d'Ynde la major*, ne trouve pas d'autre argument que de lui passer une épée au travers du corps. « L'évesque prend un glaive fainct et le fiert au travers du corps, et tue saint Thomas. »

(*Ibid.*) Simon le magicien se présente à l'empereur Néron en lui disant qu'il est le fils de Dieu, et que, pour se convaincre de ce qu'il avance, on n'a qu'à lui faire trancher la tête; qu'il ressuscitera. Néron, poussé par la curiosité, ordonne cette exécution; mais le bourreau ne coupe qu'une fausse tête que l'enchanteur sait dextrement lui abandonner. « Nota que Simon Magus ait un visage fainct souz son chaperon de docteur en la tête, et se puisse *avaler* sur le visage. » On voit qu'ici il y avait un véritable escamotage de tête assez adroit; Simon supposé décollé et mis dans un tombeau n'a pas de peine à ressusciter. (Les décollations sont très-fréquentes dans les Mystères.)

(Myst. des Apôt.) Saint-Paul est martyrisé. On lui coupe la tête : « *nota* que la teste saulte trois saulx, et à chascun coule une fontaine de sang. »

Dans le Mystère du Roi Advenir, ce prince idolâtre fait couper la tête à un honnête chrétien, et porter cette offrande à l'un de ses dieux; on la pose sur l'autel, mais elle parle et argu-

représenter un désert; mais comme nous n'avons jusqu'à présent aucun autre exemple de ce genre, et que celui-ci est loin d'être concluant, puisqu'il semble indiquer seulement qu'une décoration de désert devait se trouver parmi les autres, on est fondé à croire que les changemens à vue étaient inusités, si ce n'est dans le Mystère de la Création, qu'on vient de citer, et où ce sont moins encore des changemens à vue que des levers de rideau partiels et successifs

Nous avons déjà remarqué ailleurs avec quel soin les auteurs de Mystères présentaient jusqu'aux plus petits détails aux yeux des spectateurs; en voici encore un exemple : dans le Mystère de l'Apocalypse, Domitien apprenant que saint Jean a converti les habitans d'Éphèse, fait aussitôt partir un vaisseau pour lui amener cet apôtre.

en 1460 on leur interdit les jours de fêtes solennelles et les jeudis, de peur que ce spectacle n'empêchât le peuple d'assister aux offices, qui eussent souffert de la concurrence.

Dans les villes de province, comme on n'élevait généralement que des théâtres temporaires pour la représentation des mystères, et que ces représentations, sauf la scène qui était abritée, avaient généralement lieu en plein vent, on choisissait naturellement l'été pour exécuter ces spectacles; aussi remarque-t-on, dans la mention des célèbres représentations provinciales, que presque toutes eurent lieu dans les mois de juin, juillet, août et septembre. Cependant, probablement par exception, on trouve une célèbre représentation du mystère de l'*Incarnation et Nativité* donnée à Rouen, *aux fêtes de Noël*, en 1474, et, malgré l'inclémence de la saison, la représentation avait lieu en plein vent, puisque le théâtre occupait toute la partie septentrionale de la place du Neuf-Marché. Comme on vient de voir un miracle de la Nativité donné aux fêtes de Noël, on remarquait souvent aussi une concordance entre le sujet de la pièce et l'époque où elle était représentée ; il existe également mention d'une représentation du Mystère de St.-Nicolas donnée le jour de la fête du saint. On trouve aussi qu'à Lille, en 1416, le Mystère de l'Ascension fut joué pour le jour de cette fête.

Lorsqu'il s'agissait de monter la représentation d'un Mystère, on faisait un cry ou proclamation par la ville, en grand apparat, afin d'annoncer le projet, et pour avertir que les amateurs disposés à prendre un rôle eussent à venir s'essayer devant la société qui s'était constituée juge à cet égard. Au jour et

auquel sera escrit *cœlum empyreum.* »
Puis les anges : « Adoncques se doivent
monstrer tous les anges, chacun par
ordre, et au milieu d'eulx l'ange Lucifer ayant ung grand soleil resplendis-
sant derrière luy, et se doivent élever
Lucifer et ses anges *par une roue se-*
crètement faicte dessus un pivot à vis. »
Dieu crée ensuite le jour et la nuit.
« Adoncques se doibt monstrer un drap
peint, c'est assavoir la moitié toute
blanche et l'autre noire. » Il forme ensuite le soleil, la lune, les étoiles, les
arbres, les animaux, qui se montrent
successivement au moyen des toiles
peintes qui les représentent, et qui se
développent aux yeux des spectateurs,
ou bien par le retrait des toiles qui
dérobent la vue des établies. Mais bientôt les anges, par leur rébellion, atti-
rent sur eux la vengeance céleste :
« Adoncques doibvent trebuscher Lucifer

l'ung tiré à chevaulz, l'autre à bœufz, et dessus ung soleil, et sur l'autre une lune, et dessoubz lesdits charriots ung Ethiopien noir et terrible.»

Plus loin on veut forcer saint Thomas prêchant dans l'Inde à adorer également le soleil. « Icy doit avoir ung temple et ung soleil d'or sur ung charriot mené à chevaulz, et dedans le soleil au derrière ung diable...... Icy doit avoir une idolle qui peut fondre...... » En effet saint Thomas détruit ce vain simulacre par sa puissance. « Icy doit fondre l'idole, et le tout tombe en poudre et le temple cheoit. »

(Mystère des Apôtres.) Lysias, prévôt de Judée, fait mettre saint Paul dans un vaisseau pour le conduire à Rome; une tempête surprend le bâtiment en mer. « Icy doyvent jecter coffres et autres besougnes en la mer, et l'arbre (le mât) doit être de deux pièces, en façon qu'il se

mystères ; aussi dans celui qui porte le titre de *Mystère de l'Apocalypse*, l'auteur a-t-il éludé les difficultés de son sujet en se bornant à faire présenter à saint Jean et aux yeux des spectateurs quatorze tableaux dont ce saint rend compte en écrivant ou feignant d'écrire son livre. Un ange lui parle de temps en temps. Ceci se passe en interlocutoire. « Icy se doibt mettre sainct Jehan près de quelque roc, appuyé sur une de ses mains, en forme de contemplation. Et il se fera une grande pause en paradis, musicale ou instrumentalle, cependant que la première vision s'apparoitra. Icy sainct Jehan prend plume, papier et ancre. »

Un des plus brillans spectacles était réservé pour l'Assomption de la vierge Marie, dans le mystère de ce nom. Après la mort de sa mère, au son des instrumens, « orgues, » et environné

« Puis, pour l'assignation du jour et du lieu estably à venir prendre roolles dudict Mystère, fut signifié à tous de soy trouver le jour de Saint-Étienne ensuivant, en la salle de la Passion, lieu accoustumé à faire les records et répétitions des Mystères joués en ladicte ville de Paris ; lequel lieu bien tendu de tapisserie, siéges et bancz, pour recepvoir toutes personnes, honnestes et de vertueuse qualité. Assisteront grand nombre de bourgeoys et marchans et aultres gens, tant clercs que lays, en la présence des commissaires et gens de justice establys et députés pour ouir les voix de chascun personnage et iceux retenir, et compter selon la valeur de leur bien faict en tel cas requis..... Et depuis, les dictes journées se continuent et continueront, chascun jour audict lieu, jusques à la perfection du dict Mystère. »

En parcourant les Mystères on est effrayé de la difficulté, des périls même que devaient offrir les principaux rôles à ceux qui osaient s'en charger. En effet, que l'on prenne pour exemple celui de J. C., et seulement pendant le Mystère de la Passion proprement dit ; car sans la résurrection, on voit que cette représentation durait quatre jours et était divisée en 86 actes. Dans ces quatre journées on ne débitait pas moins de 41 mille vers. Le rôle du Christ en contenait pour sa part plus de 3400. Quelque adresse que dussent mettre les autres acteurs dans leurs rôles, il était difficile que celui-ci ne fût pas excédé des mauvais traitemens, coups de fouet et de bâton, que l'auteur s'est plu à multiplier presque à chaque heure de la dernière journée. Dans quelques scènes, telles que celle de la tentation au désert, il devait être enlevé, par un contrepoids, du bas du théâtre jusqu'à une grande hauteur. Dans la transfiguration, il restait suspendu en l'air pendant un débit de 128 vers. Enfin, depuis le moment où on l'élevait en croix jusqu'à celui où on l'en détachait, il ne se débitait pas moins de 1300 vers, auxquels on doit joindre le temps des diverses pauses ou opérations indiquées dans le drame; de sorte que l'acteur devait rester au moins pendant deux heures dans cette position si pénible. On ne doit pas s'étonner après cela que quelquefois les acteurs aient été sur le point de succomber à tous ces périls. La chronique de Metz nous apprend qu'à une représentation de la Passion, jouée en 1437, près de cette ville, un curé de Saint-Victor de Metz, qui faisait le rôle du Christ, « fût presque mort en la croix, s'il n'avait été secouru; et fallut que un autre prêtre fût mis

en la croix pour parfaire le personnage
du crucifiement pour ce jour. » Dans la
même représentation, celui qui faisait
le rôle de Judas fut presque étranglé en
se pendant, « car le cœur lui faillit et fut
bien hastivement despendu et porté en
voye. »

Aussi résulte-il de ces difficultés que
l'on était obligé d'astreindre les acteurs
à les remplir sous serment, et qu'on allait
jusqu'à intenter action contre ceux qui,
ayant pris un rôle, venaient à l'abandonner.

Un pareil rôle devait être fort long
à apprendre. On voit, par une délibé-
ration du conseil de la ville de Grenoble, qu'il ne devait pas s'écouler moins
de huit mois entre l'époque où celui qui
avait pris le rôle de J. C. avait commencé à l'étudier et à le répéter en
commun, et l'époque de la représentation.

Lassay, dans son Histoire du Berry, parlant, comme témoin oculaire, d'une célèbre représentation pour laquelle s'associèrent douze des principaux habitans et dignitaires de la ville, témoigne ainsi du mérite des acteurs : «Lesquels jeux ne furent pas moins laborieux, que bien et excellemment jouez par hommes graves et qui savaient si bien feindre par signes et gestes les personnages qu'ils représentoient, que la plupart des assistants jugeoient la chose estre vraye et non feincte. »

Quant au *costume*, dans l'acception générale de ce mot, on suivait scrupuleusement les changemens indiqués par le sujet, sauf les anachronismes.

« Saint Pierre et saint André laissent « leur nave et leur retz, et suivent Jésus « en habit de pescheurs, jusques à la se- « conde journée qu'ils viennent en ha- « bit d'apôtres. »

« Icy suit Philippe Nostre Seigneur à tout en habit de pescheur, comme les autres. »

« Icy suit saint Barthelemy Notre Seigneur, en habit de prince.

» Icy suit saint Thomas Notre Seigneur, en son habit de charpentier fors qu'il laisse tous ses outils.

« Icy cheminent les apostres en leurs habits mécaniques après Jésus. »

« Lazare sera habillé bien richement en état de chevalier, son oiseau sur le poing, et Brunamont mainera ses chiens après lui.... Icy prend sa trompe en son col, et son page maine ses chiens. »

» Icy jette Lazare son oyseau au vent, et oste sa trompe de son col et la jette.»

Dans la mention d'une représentation de la Passion, jouée à Valenciennes en 1547, on trouve que : *Les person-*

naiges furent revestus des plus braves et riches accoutremens tant de soye, velours que drap d'or, qu'il avait été possible de faire, et qu'on n'avait jamais veu auparavant advenir en ladite ville. On y trouve également que : *Quand tout fut achevé, on fit une revendue en publig de tous les habillemens et ustensils lesquels avoient servi à jouer ladite Passion, laquelle monta jusqu'à la somme de 728 liv. 12 s. 6 d.*

Lorsqu'un martyr meurt sur la scène, son âme sort du corps pour s'élever aux cieux. Saint Barthélemy ayant la tête tranchée en Éthiopie, l'auteur dit : « L'âme de saint Barthélemy sort. » Quelquefois l'âme des persécuteurs sort aussi, et aussitôt les démons s'en emparent ; mais ils ne manquent jamais de s'emparer également du corps et de tout emporter aux enfers.

Au commencement du Mystère de la

Résurrection, de J. Michel, l'âme de Jésus (qui est encore dans le tombeau) paraît « *vestue de blanc.* » Un moment après, les diables emportent l'âme du mauvais larron, qui est revêtue d'une chemise noire.

Il paraît, au reste, que les auteurs de Mystères s'imaginaient que les âmes étaient femelles, car (Mystère de la Résurrection) les anges demandant à l'âme de Jésus permission d'aller visiter son corps, l'appellent *madame* :

> Madame, vous nous donnerez
> . . . .
> Gracieux congé et licence
> D'aller votre corps visiter.

Les peintres verriers du moyen âge peignaient souvent aussi dans les *roses* les anges tout en rouge, en bleu, en jaune, ou en vert, pour indiquer les *sphères* du feu, de l'air, de la terre et de l'eau.

Nous trouvons, dans une Histoire de la ville de Lille, qu'un chanoine de Saint - Pierre de cette ville, figurant Jésus dans le Mystère de l'Ascension, s'était fait peindre sur les pieds et les mains des marques de clous; on trouve, dans le compte de la redime de l'année 1416, deux sols employés à cet usage : « Pro pingendo cicatrices in ma-« nibus D. Johannis Rosnel, facientis « Mysterium in die Ascensionis, 2. s. »

Lorsque Jésus place dans le Ciel les âmes bienheureuses qu'il y a conduites avec lui, « il leur doit mettre sur le chef une couronne. Et chacun doit avoir avec sadite couronne une chape de docteur ; et Isaïe et Jérémie auront double couronne. »

« L'an 1434, fut faict, à Metz, le jeu

de la vie de saincte Catherine..... et
fust Jehan Didier, ung notaire, saincte
Catherine. » (Chronique mss. de
Metz.)

Ceci prouve qu'au moins, dans certains cas c'étaient des hommes qui, sous
des habits de femmes, jouaient les rôles
de ces dernières.

Dans le procès-verbal d'une représentation de 1547, on trouve que *Jeannette Caraheuc* représentait la *Vierge
Marie* ; *Jeannette Watier* l'une des filles
de Jérusalem; *Jeannette Tartetolle*, *la
même parchon* (même personnage); *Cé-
cile Grard*, l'une des filles de Jerusalem,
Colle Làbequin la même parchon; les autres rôles sont remplis par des hommes ;
ainsi *Gibert Morel* dit *Francqvic*, hérault
de ville, remplissait *plusieurs parchons*, *et entre aultre Cybora*, *mère de
Judas*; *Jennot de la Mine* le rôle d'*Hé-
rodias* , etc....

Si , dans les Mystères , la gradation d'âge se fût opérée seulement par journée, il n'y aurait rien d'extraordinaire, et il aurait bien fallu s'y attendre, puisque le sujet du Mystère est souvent la vie entière du Christ ou d'un héros de la légende. Mais le changement s'opère aussi quelquefois subitement. Ainsi, par exemple, Marie naît, et presque dans la scène qui suit , on la voit âgée de trois ans. Puis bientôt « *elle se absente et fait fin jusqu'à ce que l'autre Marie s'apparesse.* » Plus loin encore : *Icy commence la grant Notre-Dame,* c'est-à-dire une personne d'un âge convenable pour représenter la mère de Jesus adolescent.

Même chose arrive dans le Mystère du Vieil Testament, au sujet de Sara : Sara paraît d'abord avec son époux Abraham à la cour du roi d'Égypte ; et à sa sortie de ce pays, finissant son rôle de jeune femme, le poète avertit : « Cy finit la jeune Sarra. »

Sara met au monde un fils : « Icy fault un enfant nouveau né. » Quelques instans après, Isaac joue *à la fossette* avec Ismaël. Et dans la journée suivante, il se marie avec Rebecca.

Même chose plus loin pour Joseph; après qu'il est vendu, l'auteur avertit : « Fin du petit Joseph. »

Plus loin : « Icy finit le petit Samuel, et le grant Samuel est couché près de l'autel. »

Quant à la division des représentations, nos *actes* modernes étaient remplacés par des *pauses*, espèces d'intermèdes, soit en musique, soit *parades*. Dans le *Mystère de l'Apocalypse*, au moment où les visions se manifestent à Saint-Jean, « il se fait une *pause* mu- « sicale, et aussi peut-on chanter quel- « ques dits pieux. » Il y avait de petites pauses, telle que celle mentionnée ci-dessus, et qui revenaient de temps en temps pour reposer à-la-fois acteurs et spectateurs, et une grande pause au milieu du spectacle pour aller dîner. Cette interruption est ordinairement indiquée par les mots : « Pause pour aller dîner. » Outre ces pauses, qui étaient de véritables suspensions du spectacle, il y en avait qui n'étaient que des suspensions de l'action, et qui, probablement ménagées pour donner quelque relâche aux acteurs principaux, étaient remplis par des intermèdes plaisans. Tantôt ce sont des « argotiers » qui disputent, des aveugles, des niais; souvent aussi ce sont des scènes infernales, des branles dansés par les diables ; ces pauses sont ordinairement indiquées ainsi dans les manuscrits : « Hic stultus loquitur. » «Icy commencent les belistres.»

Dans la destruction de Troie *la*

grante, au milieu de la seconde journée, après bien des combats, on convient d'une trève : et l'auteur ajoute : « Lors se fera pause pour disner. » Et, en effet, comme ces journées sont fort longues, et qu'on voulait les représenter dans le jour, on faisait une pause qui durait depuis midi jusqu'à vers deux heures, que le spectacle recommençait ; cela servait à donner le loisir aux acteurs et aux spectateurs de prendre leur repas. La troisième journée est également indiquée : « Pause pour disner. »

L'orchestre était, en général, uniquement composé de quelque orgue portative ; mais, dans certains cas, les acteurs exécutaient eux-mêmes sur la scène les morceaux qui faisaient partie du rôle.

Dans le Mystère de l'Incarnation et Nativité, le prophète David avec un autre ouvre la scène en prophétisant la venue du Christ, et celui qui faisait le personnage du premier devait accom-compagner avec sa harpe une partie de son rôle qu'il était obligé de chanter. Lorsqu'on ne pouvait trouver un acteur qui sut chanter et jouer de cet instrument, on supprimait le chant. C'est ce que nous apprend la note marginale.

« Adonc harpe, sil est harpeur, ou sinon laisse cette derraine clause depuis ce lieu là. Ces choses donc, etc...»

Le Mystère de la Résurrection, de J. Michel, commence par le *Veni Redemptor gentium*, que chantent les Pères des Limbes, et lorsque Jésus vient les délivrer, ils chantent : *Conditor alme syderum*; et lorsqu'il les conduit au paradis terrestre : *Hæc dies quam fecit Dominus.* Et enfin, lorsqu'il les conduit au Ciel : *Rex altissime*, *Jesus nostra Redemptio*, *Regina cœli lætare*, *Alleluia*; et enfin, lorsqu'il les a conduites au ciel, elles chantent : *Omnis pulchritudo Domini, exalta est super sidera.* Quand les fidèles attendent le Saint-Esprit, ils chantent : *Veni, Sancte Spiritus.* Quand il descend : *Veni, Creator Spiritus.* Quand il est descendu : *Qui Paracletus.*

Dans la Destruction de Troie, Agamennon, apprenant l'outrage fait à Ménélas, rassemble les princes de la Grèce. Pendant la marche des princes grecs, les joueurs d'instrumens et les orgues se font entendre. Nous avons dit déjà que c'était ce qu'on observait dans toutes les pauses où les acteurs cessaient de parler.

On ne trouve rien de bien positif sur la durée de la représentation des Mystères, et l'on peut dire qu'ils duraient tantôt plus et tantôt moins, selon la volonté ou la commodité des acteurs, qui en jouaient le nombre d'actions qu'ils voulaient, et reprenaient la suite le lendemain et les jours suivans. Si ceux de la Passion, de la Vengeance, de la Destruction de Troie, et quelques autres ont été quelquefois représentés dans les temps indiqués par le titre, c'est qu'on commençait dès le matin, on faisait une pause sur le midi, et le reste de la *journée* se représentait dans l'après-dînée; c'est ce qui fut particulièrement observé à Metz en 1437, et à Angers en 1486.

Le Mystère de l'Incarnation et Nativité de Notre Seigneur durait *deux jours*, comme on peut le voir par la division de ses scènes, et ensuite par ces vers de l'épilogue de la première journée :

> Cy finons pour ceste journée;
> Demain sera à fin menée
> La matière parfaictement.

Le Mystère de la Résurrection, de Jean

Michel durait trois jours ; « s'ensuit le Mystère de la Résurrection de Notre Seigneur Jesus-Christ, de son Ascension et de la Pentecouste, duquel est premièrement à noter qu'il doit durer troys jours. »

Nous trouvons dans la mention d'une représentation extraordinaire de la Passion jouée à Angers, en 1486, qu'on employa quatre jours à la répétition de ce Mystère, et quatre jours à le représenter.

En 1534, on joua à Poitiers, avec une grande magnificence, les Mystères de l'*Incarnation*, *Nativité*, *Passion*, *Résurrection*, *Ascension de Notre Seigneur J.-C.*, et de la *Mission du Saint-Esprit*. « Et fut ledit jeu commencé le dimanche 19e jour du mois de juillet, et dura *onze jours continuels et subsécutifs.* » (Bouchet, Annal. d'Aquit.)

Lassay', déjà cité, parle comme

témoin oculaire, d'une célèbre représentation du Mystère des Actes des Apôtres qui eut lieu à Bourges, en 1536, et témoigne que la représentation dura quarante jours. « Des citoyens et bourgeoys de ladite ville s'unirent pour jouer les Actes des Apôtres, lesquels durèrent *quarante jours.*

Ces quarante jours employés à la représentation du Mystère des Apôtres semblent exorbitamment longs, et nous ne savons s'il y faut ajouter entièrement foi, ou si l'auteur ne veut pas indiquer par là le temps qui fut employé tant aux répétitions, aux préparatifs qu'à la représentation; au reste, ce Mystère des Actes des Apôtres est le plus long de tous; il se compose de neuf livres, dont chacun contient plusieurs journées, et le tout donne un total d'au moins quatre-vingt mille vers. On demandera peut-être pourquoi l'on ne note point précisément le nombre des journées. C'est qu'en effet ce nombre n'est pas fixé. Il variait au gré des acteurs, qui ajoutaient ou retranchaient des épisodes comme il leur convenait.

Outre la division des *pauses* qui répondent à nos *actes* modernes, les représentations se subdivisaient encore en *journées* ou jours de représentation.

Le plus célèbre des Mystères est celui de la *Passion*, que l'on devrait plutôt appeler de la *Rédemption*, puisqu'il embrasse la totalité de la vie du Christ, et même les événemens accessoires qui l'ont précédée et suivie. Ainsi composé, il se divise au moins en six parties ou journées :

1re *Journée*. Mystère de la Conception de la Vierge Marie; Nativité du Christ, 95 pers. 2 chœurs;

2e. Commence au sermon de Saint-

Jean, et finit à sa décollation, 84 pers. 3 chœurs ;

3e. Mystère de la Chananéenne jusqu'à l'entrée de Jésus à Jérusalem ;

4e. Entrée à Jérusalem ; Jésus conduit devant Pilate ;

5e. Depuis le repentir de Judas jusqu'après la mise au tombeau ;

6e. Résurrection. Descente du Saint-Esprit.

Cette division était nécessitée non-seulement par la longueur de l'action, qui n'aurait pu s'exécuter tout entière dans une seule séance, mais encore par la nécessité de changer les décors et de disposer le théâtre pour la *journée* suivante, qui était, en effet, une pièce tout-à-fait nouvelle. Quelque vaste que l'on suppose la scène entière sur laquelle se jouait un Mystère, il était impossible qu'elle offrît à-la-fois tous les lieux divers par lesquels devait passer cette action; ce nombre n'eût pas été moindre d'une centaine pour le Mystère entier de la Passion. Il y a donc évidemment ici impossibilité. Mais le théâtre offrait à-la-fois toutes les décorations qui devait servir à une journée, ce qui réduit tout d'un coup (pour le Mystère de la Passion, par exemple, divisé en six journées) le nombre de chaque à quinze ou vingt.

Une autre impossibilité aurait résulté du nombre des acteurs; si la première *journée* seule du Mystère de la Passion en a offert une centaine, ayant chacun un rôle écrit, sans compter les figurans, et que chaque journée en eût contenu autant, on conçoit qu'il eût été impossible de rassembler une telle armée d'acteurs; mais l'action étant divisée par journée, les acteurs nombreux qui cessaient leur rôle à la fin d'une journée en reprenaient un autre pour la suivante, et ainsi de suite. Nous trouvons, en effet, dans la description d'une représentation à Angers, que les acteurs changeaient de rôle à chaque journée.

Au commencement du spectacle, tous les acteurs prenaient leurs places indiquées, et le commencement de l'action, une symphonie, etc., indiquait aux spectateurs que le spectacle commençait. Quant à la fin, elle était indiquée par la retraite de tous les acteurs; on trouve ordinairement à la fin des journées : *Icy ils se retirent tous.*

« Cy commence la seconde journée
« du Mystère de la Passion, et commen-
« cent les Apôtres faisant une récapitu-
« lation des faits de Jésus traités en la
« première journée. Néanmoins la fille
« de la Chananée pourra commencer la
« journée en parlant comme une démo-

« niacle jusques à ce que bonne silence
« fust faitce. »

Il y avait presque toujours ainsi quelque chose de peu important à entendre,
soit dialogue , soit chant et musique,
qui servait à commencer le spectacle
jusqu'à ce que le silence s'établît. Nous
en verrons d'autres exemples. Le prologue qui n'était guère que l'annonce
de la pièce, et un protocole assez banal
remplissaient ordinairement cet objet.

Au commencement de la troisième
journée de la Passion : « Jésus vient sur
l'asnesse jusqu'au parc, et se assem-
blent tous les Juifs en plusieurs bandes pour aller au-devant de lui avec rameaux verts, et sur l'entrée du parc il
y aura enfans chantans mélodieusement
jusques à ce que bonne silence soit
faite en lieu de prologue. »

Fin de la moralité de *Bien advisé ,
Mal advisé* : « Adonc dansent les âmes

du Paradis toutes ensemble, et chantent *Veni Creator*, et les Diables font grans tourmens en enfer. » C'était souvent par ce spectacle contrasté, qui formait en quelque sorte la morale de la pièce, que la plupart des Mystères se terminaient.

Le Mystère des Apôtres offre encore un exemple de cette double scène de la fin. Les Diables emportent Néron qui vient de se tuer, et lui font souffrir mille tourmens, tandis que, *se doit commencer un* Te Deum *en Paradis*. L'acteur qui finissait entonnait le *Te Deum*, les orgues et les spectateurs l'achevaient.

Souvent la pièce se terminait par une sorte d'épilogue, où, comme cela se pratique encore dans les troupes foraines, le principal acteur annonçait au public, ou le départ des acteurs ou la représentation du lendemain.

(Mystère de la Résurrection de J. Michel.) Fin de la première journée : « Icy est la fin de la première journée, et le protocole peut dire ce que ensuit :

Ceux qui de Jésus vouldront voir
Jouer le ressuscitement,
Si reviennent cy vistement,
Demain le matin, car pour l'heure
Plus ne ferons cy de demeure,
Ne mystère que pour ce jour
Mais nous en allons, sans séjour.

Le *maître du jeu*, dont les fonctions correspondaient à celles de régisseur, remplissait, en outre, l'office de souffleur, et prenait le nom de *protocole* ou *porteroole*. Chaque journée du Mystère de la Vengeance de N. S. J.-C. est précédée par un discours que fait le *meneur du jeu*, sur ce que l'on vient de voir, et ce qui va être représenté. Elle est terminée par un autre, où, après avoir tout récapitulé, il congédie l'assemblée, et la prie de revenir le lendemain. Dans la moralité des Blasphémateurs de Dieu, le *protocole* adresse un long discours aux spectateurs pour capter leurs bonnes grâces; il leur désigne les acteurs, et leur indique leur nom ; puis s'adressant aux *clercs*, aux gens instruits, il les prie, s'ils s'aperçoivent de quelque faute dans leur jeu, de s'en taire; quant aux autres, il ne demande que leur silence.

Le *protocole* est assez ordinairement désigné dans les exemplaires des Mystères par cette qualification, L'ACTEUR. Il paraît, qu'outre sa mission de complimenter le public, d'annoncer et de récapituler la pièce, il rendait encore compte aux spectateurs, et dans le moment où ils s'exécutaient, des jeux de théâtre qui paraissaient nécessiter une explication; en outre, il annonçait l'ar-

rivée de personnages qui, probablement n'ayant point encore paru, auraient
pu être inconnus aux spectateurs. Ainsi
dans le Mystère du Trespassement de
Nostre-Dame, on le voit annoncer l'arrivée des Apostres.

Voici un exemple des expressions
que le protocole employait pour capter
la faveur du public et réclamer le silence :

Nous vous prions tous qu'il vous plaise taire
Jusques à ce qu'achevé nous aurons.
. . . .
Nous requérons universellement
A tous seigneurs d'église ou autrement
Et au commun, bref à toute personne,
Se commettons fautes, qu'on nous pardonne,
Et chacun Dieu de prier d'humble cœur
Que par sa grâce il nous soit adjuteur.
. . . .
Donc Balaam le prophète gentil,
Commencera le premier.....

Voici l'épilogue de la première journée :

« Seigneurs et toute l'assemblée,
Nous vous remercions humblement.
Cy finons pour ceste journée,
Demain sera à fin menée
La matière parfaictement. »

VI.

—

Budget d'un Mystère. — Les places y étaient-elles payées? — Partage des recettes et subventions. — Représentations en province et dans les églises. — L'*Assomption* à Dieppe. — Les Mystères en 1833.

Payait-on sa place aux représentations des Mystères en province?

C'est une question qu'il est fort difficile de résoudre, parce qu'aucun auteur n'a parlé positivement de cet objet. On ne peut donc spéculer ici que conjecturalement. D'abord il est difficile de supposer dans ceux qui montaient ordinairement la représentation en province, et parmi lesquels on voit souvent les premiers magistrats, des membres du haut clergé, l'idée d'en faire une spéculation mercantile. L'on pourrait même dire qu'il y avait impossibilité par l'énormité même des dépenses qu'une semblable représentation devait entraîner. Que devait coûter un théâtre tel que celui élevé à Autun, en 1516, et qui pouvait contenir 80,000 personnes? Le prix perçu à la porte pour une *seule représentation* eût-il pu défrayer une entreprise aussi colossale. D'un autre côté, lorsque, comme dans le plus grand nombre des cas, la représentation avait lieu dans une place publique, dans une rue dont le théâtre occupait l'extrémité, les habitans de cette place, les riverains de

cette rue, devaient échapper à la taxe,
et diminuer d'autant la recette. On a
donc tout lieu de penser que dans un
grand nombre de cas, et surtout dans
celui des représentations tout-à-fait extraordinaires, les places n'étaient point
payées. Les représentations étaient le
résultat d'une simultanéité d'efforts et
de sacrifices faits par tous les habitans
d'une ville, chacun selon sa bonne volonté ou ses moyens, comme on en a
tant d'autres exemples dans les fêtes religieuses ou civiles des mêmes époques.
On sollicitait par des quêtes nombreuses, *intra et extra*, avant et pendant la
représentation la générosité des habitans ; chacun y coopérait volontaire-
ment en considération des avantages
qu'il pouvait personnellement en retirer, vente de denrées, loyers aux étrangers, etc., car l'affluence devait être immense, puisqu'on voit des villes s'in-

quiéter à l'avance de la possibilité de manquer de vins pour cette époque.

Quant aux représentations données à Paris, il n'est pas douteux qu'on y payât les places, ce qui résulte de documens nombreux et précis. Mais cette règle subissait cependant des exceptions, comme on le voit par l'extrait d'une ordonnance relative à la représentation de la Passion à Valenciennes, en 1547.

« Item, que nulz ne nulles ne pourront entrer au *jeu*, sans payer que les superintendans tant seulement, et non leurs femmes, enfants ou famille.

« Item, que tous ceux qui vouloient venir escouter et veoir ladicte Passion leur coustoit aux grants et petits la somme de *six deniers* tournois chascune fois, et ceux qui vouloient monter sur un hourdement (échafaud), lequel on avoit érigé audit lieu, tout propice, payaient derechef six deniers.

« Les spectateurs ne payaient qu'un liard ou six deniers chacun. (Autre histoire de la même représentation.) Cela ne voudrait-il pas dire qu'il y avait des spectateurs à un liard et à six deniers, comme il y en avait à deux sous pour monter sur les échafauds ; les enfans ne payaient peut-être que demi-place.

La recette monta à 4,680 liv. 14 sols 6 deniers ; ce qui, à un liard par spectateur, donnerait 374,400 spectateurs ; à 6 deniers, 187,200 ; et si l'on suppose qu'un tiers monta sur les échafauds à un sol, et que les deux autres tiers restèrent à terre à 6 deniers, 140,400 spectateurs, qu'il faut diviser en 25 journées ; ce qui donne 5,616 spectateurs par journée.

La même ordonnance établit presque complètement le budget d'un mystère.

« Tous joueurs députez par les superintendans seront tenus de bailler chascun un escu d'or (*) pour subvenir aux dépens, s'ils veulent estre participant au

* Il en fallait 71 1/6 pour un marc ; ils valaient 45 sols.

bon et au mauvais, et aussi pour fournir aux fautes qu'ils pourront faire, et en dernier on rendra à chascun ce qu'il aura baillé, si ce n'est que l'on soit à l'arrierre.

«Item. Que les joueurs qui ne vouldront bailler l'escu d'or, il faudra qu'ils se conteutent de ce que les superintendants leur vouldront donner, pour chascune journée, en fin dudit jeu.

« Item. Quant au gaigne et prouffit, s'il y en a, il se partira en deux parties, à savoir la moitié justement à ceux lesquels auront déboursé leurs deniers, soit superintendants, joueurs ou administrateurs, et si aulcun en déboursait plus que un autre, si n'en proffitera point davantage: et l'autre moitié se partira aux joueurs et administrateurs, tant seulement à portion et selon qu'ils l'auront mérité, à l'ordonnance desdits superintendants.

« Quant aux frais et dépens des ouvraiges tant de dehors que de dedans, elles se feront à l'ordonnance des superintendants, tant seulement.

« On distribuera à chascun superintendant, originateur, joueur et administrateur, vieux et jeunes, et les filles autant que les hommes, la somme de xviii deniers tournois pour *reciner* (collationner) et soi recréer ensemble, entre deux chambres (entre deux *demi-journées*) ensemble ou à part; et pourront recouvrer audit lieu, tant les escoutans comme les joueurs, vin, cervoise forte et petite, et tout ce qu'il est nécessaire pour reciner (goûter), en payant.

« Item que les petits enfants, lesquelz seront anges, et n'auroient point de parchons (rôles), avoient
aussi pour reciner chascun vi deniers, chascune fois.

« Item que nulz compaignons joueurs, ne pourront
faire nulz conventicules, ny assemblées à boire,
les jours que l'on jouera, soit devant, au milieu, ou
après le jeu ; mais ils se devront contenter du reciner que lesdits superintendans leur feront en la
place. »

Dans le procès-verbal de la même
représentation, on trouve : « Que pour
fournir aux despens tant des hourds
(échafauds), spectacles, comme des accoutremens, enrichissemens, secrets et
autres ouvrages pertinents à la matière,
les compagnons eslurent xiii superintendants pour estre leurs maîtres et
conducteurs, pour les tenir en paix et
union s'il sourdait aulcuns divis ou dé-
bats entr'eulz, et même pouvaient lesdits superintendants corriger et mettre
amende, et taxer lesdits compagnons
joueurs, iceulz défaillant sans en avertir Messieurs de la justice. »

Ceux qui entreprirent l'affaire « s'obligerent et convinrent à payer la despense « si, par cas fortuit, fut survenue quelque mortalité, ou la guerre, qu'il n'eust esté possible de parachever ladicte emprinse et jouer jusqu'à la fin. »

« Aussi faut noter que les superintendants et tous les joueurs lesquels *emprendraient* parchon (personnage) pour *jouer*, et ne vouldroit parfaire son *emprinse*, on se pouvait retirer sur son corps *et sur ses biens*.

« Et fut ladicte obligation faite et signée le jeudi absolut ; et aux festes de Pentescouste ensuivant on commencha à jouer.

« Item ; que lesdits superintendans , se assembleront à semonce au nombre de VII au moins pour ordonner ce qui sera besoin et expédient.

« Toutes lesquelles devises (devis) et articles ont été cognus, passez et obligez, mesmes promises de entretenir inviolablement , par les dénommez, superintendants, joueurs et administrateurs, déclarez en l'embriefvure, estant ès mains de Yve Graindor, clercq lettriant , et notaire apostolique, etc. Fait le huitième jour d'apvril , anno 1516 , avant Pâques. »

Dans le compte rendu à la *nation* (province d'Anjou), en 1486, par Jean Binel, maire d'Angers, pour la célèbre représentation de la Passion, jouée en cette ville la même année, on trouve la somme à laquelle cette *nation* fut obligée de contribuer pour sa part. « Pro Mysterio Passionis J.-C., anno presente, compoti *Andegavi*, per personagia manifestato, data fuit ex parte nationis summa decem librarum, ad onera hujusce modi mysterii supportanda. »

Voici comment se fit le partage de la recette.

« Et monta la somme de la recette des xxv journées, 4680 liv. 14 sols 6 deniers tournois. » (Le marc d'argent valait alors 14 liv. tournois; il vaut aujourd'hui 50 fr. Ce qui donne à peu près 16,700 francs en valeur actuelle pour le total de la recette.)

« Item; quand tout fut achevé, l'on fit une révendue en publiq de tous les habillemens et ustensilz lesquels avaient servi à jouer ladite Passion, laquelle monta jusques à la somme de 728 liv. 12 sols 6 deniers. »

« Lesquels ajoutés à la somme ci-dessus.

4680 liv. 14 s. 5 d.
728 liv. 12 s. 6 d.

Produisent   5409 liv.   7 s. 0 d.   Produit brut de la
recette.

« Item ; que la mise à l'encontre de la recepte sus-
dite, tant en hourdement, accoustremens des joueurs,
et autres ustensilz servant aux secrets et affaires pertinents, jusqu'à la somme de 4179 liv. 4 sols 9 deniers tournois. »

Qui de la somme totale   5409 liv. 7 s. 0 d.
Retranche les frais. . . .   4179 liv. 4 s. 9 d.

Reste. . . . . .   1230 liv. 2 s. 3 d.   Produit
net.

Item ; que le reste de l'argent, qui montait à la
somme de 1230 lib. 2 s. 3 d., fut par les superintendants réparti et ordonné aux originateurs et joueurs,
à l'un plus, à l'autre moins, ainsi qu'ils avoient esté
occupez au grand ou petit *parchon.*

Si la représentation des Mystères en
province était généralement plus ou
moins directement gratuite, on ne peut
douter qu'à Paris les places ne fussent
payées. L'auteur de l'*Histoire de la*

ville de Paris fait remonter très-haut l'usage de payer aux spectacles. Il dit qu'il commença à l'occasion d'une représentation particulière à laquelle Charles VI devait assister; mais que ne l'ayant pu, les confrères de la Passion, qui avaient fait de grands frais pour cette représentation, obtinrent de lui la permission de jouer en public, en exigeant des spectateurs un droit d'entrée.

Les villes de province qui voulaient jouir de ce spectacle n'épargnèrent aucun soin pour en rendre les représentations plus magnifiques. La plus célèbre fut celle que Conrard Bayer, évêque de Metz, *fit* exécuter auprès de cette ville, en 1437, et où il invita la noblesse de la Lorraine, du Palatinat du Rhin, et des provinces circonvoisines.

Le succès de la représentation du Mystère de la Passion, jouée avec la plus grande magnificence à Angers et à Saumur, en 1486, engagea la plupart des villes de l'Aujou, du Poitou et des environs à faire construire des théâtres pour y représenter les Mystères et celui de la Passion. Montmorillon, Langelt, Saint-Espain, Douay et Saint-Maixent furent de ce nombre ; mais les plus considérables étaient ceux de Saumur et de Poitiers, où ces sortes de spectacles se maintinrent le plus long-temps.

Quoiqu'on ait parlé plus haut de construction de théâtres dans des villes de province, il ne faut point en induire que l'on éleva généralement des monumens solides et durables pour ces représentations. Ces constructions, au contraire, étaient, pour la plupart, transitoires ; elles ressemblaient encela aux *reposoirs* de la Fête-Dieu. Elles ne servaient ordinairement que pour une représentation, ou tout au plus une saison. D'ailleurs la représentation d'un

Mystère tel que celui de la Passion ou des Apôtres, était une chose tellement capitale, que lorsqu'on était parvenu à conduire à bonne fin une représentation, les acteurs avaient besoin de repos, et c'en était bien assez pour une année. Nous n'avons trouvé que de rares exceptions à cette règle. Ainsi, par exemple, à Metz, un mois après cette célèbre représentation de la Passion que nous avons citée, on joua, au même théâtre, le *Mystère de la Vengeance, ou la Destruction de Jérusalem*. C'était en quelque sorte la petite pièce après la grande.

Le Mystère de l'Incarnation et Nativité, joué à Rouen, en 1474, contenait ainsi la description du théâtre : « Et estoient les establies assises en la partie septentrionale du Neuf-Marché, depuis l'hostel de la Hache-Couronnée jusqu'en l'hostel où pend l'enseigne de l'Ange, second (selon) l'ordre déclaré en la fin de ce codicile, Mais les establies des six prophètes estoient hors des autres, en diverses places et parties d'iceluy Neuf-Marché.

« Premièrement vers Orient : Paradis ouvert, etc... Nazareth, contenant trois loges ou mansions.

<pre>
       Hiérusalem. 6
       Bethléem. 4
       Romme. 9
       Enfer . . . .
       Le Limbe des Pères.
</pre>

Les places des prophètes en divers lieux hors les autres. »

Les frères Parfait prétendent que cette description d'un théâtre transitoire est fort claire, et qu'on peut facilement, d'après elle, se former une idée de la disposition du théâtre ; et voici pour eux comme ils le conçoivent. La partie septentrionale du neuf Marché était occupé par les échafauds, dont le plus oriental était celui du *Paradis* qui touchait l'hôtel de *la Hache-Couronnée*, et sous lequel était placé celui de Nazareth, et de suite ceux de Jérusalem, Bethléem et de Rome, qui, terminant le théâtre du côté du couchant, se trouvait adossé contre l'hôtel de *l'Ange*. Quant à l'Enfer, cette décoration, ainsi que celle du Limbe, n'était point sur les échafauds. Au bas du théâtre paraissait une énorme tête de dragon, dont l'entrée, qui aboutissait sous le théâtre, et était assez large pour y laisser passer plusieurs personnes.

Voici, comme nous venons de le dire, l'explication des frères Parfait; mais malgré leur assurance, il est certain que rien n'est encore plus obscur. D'abord on ne voit point dans le texte de preuves que le Paradis ait été situé au-dessus de Nazareth et non à côté; s'il

était au-dessus, cette partie du théâtre
aurait donc eu deux étages et le reste un
seul. Mais où était situé l'Enfer? Selon
les frères Parfait, au-dessous des échafauds; mais duquel? Ils ne s'en expliquent point. En prenant la description
à la lettre, il aurait dû être situé à l'extrémité opposée du Paradis, à côté de
Rome, comme le Paradis devait être à
côté de Nazareth. —Cette disposition,
en boyau, en galerie, aurait été tellement contraire à tout ce qu'on sait,
en général, sur la disposition du théâtre des Mystères que M. Berryat-St.-Prix,
dans sa dissertation, n'hésite point à
prononcer que les divers lieux de scène
au lieu d'être disposés côte à côte,
étaient en étages, au nombre de six,
en partant du Paradis le plus supérieur,
jusqu'à l'Enfer le plus inférieur. —Ceci
est, en général, plus vraisemblable ;
mais il n'en est pas moins vrai, qu'en

s'en rapportant aux termes précis de la description, tous les lieux de scène devaient être sur une seule ligne; ceci pouvait être une exception au système ordinaire, motivée peut-être sur ce que la saison ne permettant qu'une représentation, il était plus facile d'édifier un théâtre à un seul étage, quelque long qn'il fût, qu'un théâtre à cinq étages.

Les Mystères étaient un spectacle essentiellement religieux, comme le prouvent, outre leurs sujets, l'intervention du clergé dans les représentations. Ainsi on voit Conrard Bayer, évêque de Metz, faire exécuter le Mystère de la Passion en cette ville, en 1437. Un sire Nicollé, curé de Saint-Victor de Metz (le même joua la même année le rôle de Titus, dans le Mystère de la Vengeance; c'était, à ce qu'il paraît, le meilleur acteur, puisqu'il remplit ici les deux principaux rôles), jouait le personnage du Christ, et un autre prêtre, messire Jean de Nicey, chapelain de Métranges, le personnage de Judas.

Voici la suscription d'une édition du Mystère de la Passion. « A l'honneur de Dieu et de la glorieuse Vierge Marie, et à l'édification de tous bons chrétiens et chrétiennes, a esté ce Mystère de la Passion de N. S. J.-C., par personnages, nouvellement imprimé à Paris, par Alain Lotrian. (Édit. de 1539.)

A une représentation qui eut lieu à Angers, en 1486, le premier jour de la représentation on célébra dans le lieu même une grande messe, et l'on trouve dans les registres de la cathédrale d'Angers, qu'on fut obligé d'avancer la grande messe et de retarder les vêpres, afin que les chanoines et les chantres pussent assister au spectacle.

Dans cette représentation, le doyen

de Saint-Martin d'Angers remplit le rôle de Jésus.

Une preuve que les ecclésiastiques présidaient aux représentations, se tire de ce vers du prologue de l'*Incarnation et Nativité*, qui leur est adressé :

Nous vous requerrons universellement,
A tous seigneurs d'église ou autrement,

. . . .

Si commettons fautes, qu'on nous pardonne.

On trouve que l'abbesse de Caen sortit de son monastère en 1423, pour aller voir jouer le miracle de *saint Vincent*.

Entre autres preuves que l'on pourrait donner de la part que prenaient les prêtres aux représentations dramatiques, nous trouvons, à l'occasion de la Passion jouée à Valenciennes en 1547, que : *les originalz furent reveuz par sa-*

vants docteurs en théologie, commis à ce faire par monseigneur révérendissime Robert de Croy, évesque.

On trouve dans le *Mercure de France,* deuxième volume du mois de décembre 1729, page 2981 et suivantes, — et avril 1735, page 698, — *deux lettres sur les anciennes représentations des mystères dans les églises,* et entre autres un assez long extrait de celui qui portait le nom de saint Nicolas, composé en vers latins, et tiré d'un Mystère du treizième siècle, de la bibliothèque du monastère de Saint-Benoît-sur-Loire, divisé en quatre *journées,* avec des détails sur les jeux de scène et décoration.

Brunet cite un opuscule sous ce titre :

« *Le victorieux et triomphant combat de Gédéon,* représenté à Paris au jour de la Passion, *en l'église* de Saint-Séverin, par le père Souffrand. Paris, 1626, in-12. »

On lit dans l'histoire d'Autun, qu'à la fête des Innocens, supprimée en 1595, on conduisait à l'abbaye de Saint-Martin, qui était obligée de les recevoir avec les cérémonies d'usage, un enfant de chœur crossé et mitré, qui contrefaisait l'évêque des Innocens, ainsi qu'un chapelain représentant le roi Hérode. Après les vêpres, le roi Hérode et plusieurs autres suppôts de l'église, tous habillés cléricalement, montaient sur un théâtre élevé à cet effet dans la nef, et y représentaient le massacre des Innocens, le martyre de saint Sébastien, ou quelque autre sujet de cette espèce.

Un passage d'un Mystère de saint Nicolas, composé en vers latins, extrait d'un Mystère du treizième siècle, de l'abbaye de Saint-Benoît-sur-Loire, et analysé dans une lettre insérée dans le *Mercure de France*, prouve qu'en même temps qu'on jouait des Mystères dans les églises, on y élevait également des théâtres pour cet objet.

Une cérémonie instituée à Dieppe en mémoire de la levée du siége de cette ville par les Anglais (1443) prouve que des scènes analogues à celles qui faisaient l'objet des Mystères s'exécutaient dans certaines localités, concurremment avec ces Mystères. Pour celle dont il s'agit ici, on prenait tous les ans, vers la mi-juin, les suffrages des principaux habitans assemblés à l'hôtel-de-ville, pour l'élection d'une espèce de rosière qui devait représenter la sainte Vierge, ainsi que pour l'élection de six autres filles, recommandables par leur sagesse, pour représenter les six filles de Sion qui devaient l'accompagner. On procédait au choix d'un ecclésiastique pour représenter saint Pierre, et de onze laïques pour représenter les apôtres.

Lorsque tout le monde était placé dans l'église, les apôtres montaient dans une tribune élevée au-dessus du banc du clergé. La sainte Vierge était placée près de l'autel, du côté de l'évangile, ainsi que les filles de Sion. Pendant la messe, on donnait aux assistans une représentation de l'Assomption de la mère de Dieu : à cet effet, on posait tous les ans au-dessus de la contre-table du chœur, une tribune dont le haut touchait à la voûte de l'église, et était parsemée d'étoiles sur un fond d'azur. Deux pieds au-dessous du plancher de cette tribune, s'élevait un grand siége sur lequel paraissait le Père-Éternel. On voyait à ses côtés quatre anges de grandeur naturelle qui semblaient se soutenir en l'air, ils battaient des ailes en cadence au son de l'orgue et des instrumens. Au-dessus du Père-Éternel étaient trois autres anges qui, à la fin de chaque office, exécutaient un trio sur l'air : *Ave Maria, gratia plena, per sœcula*, etc., au moyen de clochettes sur lesquelles ils frappaient. Quand on commençait la messe, deux des anges qui étaient aux côtés du Père-Éternel descendaient majestueusement de leur place jusqu'au pied de l'autel, où se trouvait le berceau de la sainte Vierge, dans lequel on avait placé une figure de grandeur naturelle, pleine de ressorts, pour représenter l'actrice elle-même. Dès que les deux anges étaient descendus jusqu'à cette figure, chacun d'eux s'élevait lentement de son côté, jusqu'aux pieds du Père-Éternel. Pendant son Assomption, cette figure levait les bras et la tête de temps à autre pour témoigner son désir d'être au ciel. A peine était-elle parvenue aux pieds de l'Éternel, qui lui donnait sa bénédiction, un des anges lui posait une couronne sur la tête, et elle disparaissait dans un nuage. Pendant cette représentation, figurait un personnage bouffon; dans un moment il paraissait d'un côté de la tribune, celui d'après il était de l'autre, et faisait mille singeries. Dans un temps il ouvrait les bras d'un air de surprise, dans un autre il applaudissait, enfin il se couchait de sa longueur pour faire le mort, se relevait ensuite et courait se cacher sous les pieds du Père-Éternel où il ne montrait que sa tête. Cette cérémonie, qui fut abolie en 1684, au grand regret des habitans, se terminait par une représentation de *Mystères,* qui se donnait sur un théâtre placé devant l'hôtel-de-ville.

A la fin du dernier siècle, une foule d'églises de l'Ouest et du Midi servaient encore de théâtre à de semblables représentations. Il est inutile de dire qu'elles en sont aujourd'hui généralement ban-

nies; mais ce qu'on aura peut - être
peine à croire, c'est qu'en 1833 il
se joue encore en France des *Mystères*. On n'ignore pas cependant,
qu'il est chez nous certaines localités, certains intérieurs inamovibles,
pour qui la révolution de 92 est à
peu près restée comme non avenue.
Grâce à l'isolement, à la distance des
villes importantes et des grandes li-
gnes de communication, grâce à l'ab-
sence de la grande propriété, les com-
motions, qui depuis quarante années ébranlent le sol de l'Europe, s'y
sont à peine fait sentir. C'est à peine si
tant de calme fut troublé dans les dernières années de l'Empire, lorsqu'im-
provisés gardes d'honneur, quelques
jeunes membres de ces familles patriar-
chales allaient échanger des soins em-
pressés, des habitudes paisibles, contre
le tumulte des casernes, et la paille en-

sanglantée d'une ambulance ou d'un bivouac.

Les quinze années de paix de la restauration n'ont pas peu contribué à rétablir cette torpeur héréditaire, et sauf quelques innovations légères, pour les occupations intellectuelles, la vie intérieure et l'ameublement, on en est encore à la Fronde, ou tout au plus au parlement Maupeou. Ce sont de vastes pièces aux panneaux de chêne noircis, des portraits de famille où des grands-oncles de la figure la plus sèche, la plus raide, vous font des moues épouvantables, tandis que le *cicérone* vous répète complaisamment la phrase consacrée : « C'était le plus bel homme de son temps. » Voilà les meubles si commodes et si contournés du règne de Louis XV ; voilà les vastes cheminées où l'on entasse ces bûches féodales, dont la tradition ne s'est véritablement conservée qu'au foyer de la Comédie-Française. Voilà le jardin à la Lenôtre avec ses éternelles allées où le buis trace de noirs sillons. Dans ces cuisines grandes comme des églises, c'est à peine si le tournebroche remplace ces gothiques appareils que faisait mouvoir un barbet condamné à perpétuité au *tread-mill* des pénitenciaires suisses et nord-américains. Le service de l'office répond au reste. Point de ces mets légers et vaporeux dont Brillat-Savarin a tracé l'appétissante monographie. Le chef des *Frères* y parlerait une langue inconnue, s'il pouvait se résoudre à pénétrer dans une office où fleurit encore le godiveau. On y lit cependant la *Cuisinière bourgeoise*, qui compose souvent tout le bagage littéraire de la maison, avec quelques volumes dépareillés de l'abbé Prévost, et *l'Almanach des Grâces* importé dans les jours de janvier par quelque dandy du pays.

Qu'on s'étonne après cela que l'art scénique reste stationnaire dans ces localités *arriérées*, lorsqu'il est bien constaté qu'au sein des plus brillantes capitales, il est demeuré au-dessous du progrès général. C'est en Bretagne que les bonnes traditions se sont le plus soigneusement conservées, du moins pour la partie de cette province qui conserve encore le costume, les mœurs, les usages et le langage des anciens Celtes. L'art dramatique, loin d'éprouver des perfectionnemens, a marché en sens inverse, sous ce rapport que l'exécution des Mystères qu'on y jouait, il y a trois siècles, était certainement de beaucoup supérieure à celle d'aujourd'hui. Il est vraiment incroyable, qu'au milieu d'une civilisation qui, dit-on, coule à pleins bords, le paysan breton, qui a tant acquis sous le rapport des affaires, soit encore encroûté de préjugés et d'usages séculaires qu'il se transmet religieusement de génération en génération, sans la moindre altération. Point de doute que cette ogive, oubliée au milieu d'une moderne colonnade, n'ait valu aux cinq départemens de l'Ouest la mezza-tinta dont l'honorable M. Ch. Dupin les a impitoyablement affublés en manière de bonnet d'âne : véritables déserts dont il n'a vu que les sables, sans jamais s'arrêter aux oasis que l'on y rencontre.

L'art dramatique en Bretagne voyage encore dans le tombereau de Thespis : la preuve en serait facile à acquérir, car nous apprenons qu'une tragédie des *Quatre fils Aymon* se monte en ce moment dans un chef-lieu de canton des Côtes - du - Nord ; plusieurs rôles sont distribués, il ne manque plus que les douze pairs de France, que le directeur a plus de peine à trouver, que s'il s'agissait d'une fournée pour le Luxembourg.

Un de nos amis, que les événemens ont conduit dans cette Thébaïde, assista l'année dernière à l'une de ces représentations, et certes il y avait du courage dans sa détermination, car la pièce dura huit jours, et l'on commençait à une heure de l'après-midi pour finir à sept heures du soir; mais il voulait avoir une idée bien exacte de ces sortes de spectacles, et nous recueillons aujourd'hui le fruit de sa patiente observation.

Le théâtre, construit de tonneaux vides, de charrettes, de planches, de vieilles tapisseries et de draps dont la blancheur était tant soit peu équivoque, s'élevait dans une vaste prairie, Colysée champêtre, dont les anfractuosités naturelles formaient les gradins. Là se trouvaient réunis plusieurs milliers d'individus qui observaient un silence digne du balcon des Italiens, tant que les acteurs tenaient la scène, mais dont les cris auraient étouffé les roulemens du tonnerre dans les entr'actes, et qui ne se faisaient point un scrupule de boire et de fumer à la barbe du Père-Éternel, quand il ne quittait pas lui-même la scène, pour aller dans les coulisses savourer un verre de cidre et secouer un peu l'inactive gravité qu'il était tenu d'observer, sous peine de passer pour un mauvais acteur.

On donnait le *Commencement et la fin du monde*, pièce en trente-sept tableaux : la création, le péché d'Adam, la mort d'Abel, le déluge, le sacrifice d'Abraham, les principales circonstances de l'histoire des Juifs, la Passion, la résurrection, le jugement dernier.

Ce dernier tableau était ce qu'on appelle le *bouquet*, terme dont on se sert aussi en Bretagne pour désigner le dernier sermon que prononce le prédicateur du carême : sermon qui attire toujours une telle affluence d'auditeurs, que chaque prédicateur a soin de fixer son *bouquet* à un jour différent de la semaine de Pâques, car il se fait des migrations de paroisse à paroisse pour profiter du dernier effort d'éloquence du Massillon cantonnal, qui réserve pour ce jour-là ce qu'il peut inventer de plus pathétique.

Dans le premier tableau, la création, le Père-Éternel couvert d'une chape, mitre en tête, et crosse en main, escorté de deux archanges en aubes et en dalmatiques, entouré d'anges en robes sales, avec des ailes en papier doré, vient relever Adam étendu sur le théâtre en robe de chambre et en bonnet de coton. Adam est vieux dans la pièce comme dans l'esprit des Bretons qui, l'appelant le père Adam, ne peuvent imaginer, pour le représenter, autre chose qu'un vieillard, et l'habillent comme le malade imaginaire.

Vient ensuite la création d'Ève ; un rustre sort de dessous le théâtre pendant le sommeil d'Adam, habillé en costume de femme du pays, les barbes de la coiffe tombant comme aux jours de deuil, et les épaules recouvertes d'une peau de mouton ; puis Adam et Ève se promènent ensemble d'un bout à l'autre du théâtre, en récitant des vers sur le bonheur d'habiter le jardin de délices, et cela dans un rhythme barbare, espèce de mélopée aussi sauvage que monotone. Tout cela devant le Père-Eternel, assis gravement au fond du théâtre, toujours en robe de chambre, et entouré d'archanges qui mangent à la dérobée des pommes et des galettes de *sarrasin*.

Dans la tentation du premier homme, le serpent sous la figure d'un mauvais ange présentait la funeste pomme à Ève qui succombait, mangeait la moitié de la pomme qu'elle partageait proprement avec un couteau - *eustache*. Adam dévorait le reste; puis le Créateur se fâchait tout rouge, chassait les deux pécheurs qui sortaient de la scène pour courir à la cantine. Alors des démons en habits d'arlequin, le front orné de cornes de boucs et de béliers, envahissaient le théâtre, dansaient en réjouissance de la conquête qu'ils venaient de faire sur le genre humain, avec les poses les plus grotesques, malgré les menaces du saint des saints, auquel on manquait publiquement de respect, et qui se voyait forcé d'envoyer de sa droite l'archange Michel à la poursuite

de ces vauriens. L'archange les préci-
pitait aux enfers à grands coups d'une
épée flamboyante, qui n'était autre
chose qu'un briquet de la garde na-
tionale.

Ces tableaux suffiront sans doute pour
donner une idée du talent des Sopho-
cle, des Talma, et des Cicéri des Côtes-
du-Nord. Pourtant il faut dire encore
que pour représenter le bûcher élevé
par Abraham, comme celui dressé par
Abel, on se servait d'un vase très-peu
poétique rempli de foin, auquel on
mettait le feu pour imiter la fumée
montant au nez de l'Éternel.

A la fin de chaque journée, tous les
acteurs se réunissaient en procession,
les diables en tête, le Père-Éternel à la
place d'honneur. Puis démons, anges,
Adam, Ève, Juifs, Romains, mort et
serpent, s'en allaient ensemble au cabaret, chantant le *Te Deum*, suivis

de tous les spectateurs, chapeau bas ; car il est à remarquer que l'on apporte le même respect, la même dévotion à ces spectacles, qu'à l'office divin ou au sermon ; que, comme en Espagne, chaque fois que le nom de Dieu est prononcé, tous les fronts mâles se découvrent, et toutes les têtes féminines se courbent ; et ne vous avisez pas de rire quand vous assisterez au Mystère, si vous ne voulez devenir un saint Étienne, ou vous voir au moins traité de mécréant par les dilettanti du genre.

Dans quelques autres parties de la Bretagne, on est un peu plus avancé sous le rapport dramatique ; on a traduit *Polyeucte* en bas-breton, et l'on joue dans le même idiôme une tragédie intitulée : *Louis XVI* ; mais les acteurs, les décors, et la mise en scène, sont partout les mêmes ; partout les anges sont affublés d'une robe de calicot garnie de padou rose ; partout le Père-Éternel est la caricature d'un évêque. Cependant, il est des endroits où les ecclésiastiques non-seulement tolèrent ces représentations, mais les encouragent même en devenant souffleurs et répétiteurs, comme au 15e siècle. Ailleurs, ces spectacles sont prohibés, sans doute dans cette idée qu'on ne craint plus guère le diable quand on l'a vu trinquer au cabaret, habillé en arlequin. Ce qu'il y a de plus extraordinaire dans ces farces du moyen âge, c'est la patience de l'impressario bas-breton, qui apprend des rôles de sept et huit cents vers à des rustres qui ne savent pas lire, et leur répète ces rôles jusqu'à ce qu'ils se soient incrustés dans ces cervelles d'acier, de manière à pouvoir être rendus sans faute. On ne s'étonnera donc pas que les pièces soient quelquefois un an et plus en répétition, et que souvent le directeur, souffleur, décorateur et machiniste, soit obligé de venir improviser tout-à-coup Judas, Jésus-Christ, un martyr, ou l'un des chevaliers de la table ronde.

VI.

La *Fête de l'Ane* et la *Procession du Renard.* — L'archevêque des Fous. — Concert de chats. — Le *Prince
des Sots.* — L'*Abbé des Cornards.* — La *Mère folle* de
Dijon. — Les grands Diables d'Aix. — Les pénitens
de Perpignan. — Scènes de la Ligue. — Les prieurs
de *la Malgouverne* et du *Plat d'argent.*

A la même époque que les Mystères,
il se célébrait dans diverses provinces,
et même à Paris, des solennités semi-
mondaines, semi-religieuses qui, par

le *scenario* comme par les détails d'exécution, rentraient tout-à-fait dans la classe des spectacles publics. Nous voulons parler de ces processions bizarres, de ces grotesques mascarades, pieuses saturnales instituées pour faire diversion à la monotonie du cloître, à l'époque de confusion, de désordre et d'abrutissement, qui suivit la mort de Charlemagne. Dans ces fêtes, qui n'étaient qu'une dégénération des *saturnales*, des *calendes* et des *lupercales* des anciens, on retrouvait de fréquentes traces des coutumes du paganisme. On s'y montrait demi-nu ou couvert de peaux de cerfs, d'ours et de loups. Comme les Saliens, les diacres dansaient dans l'église le jour de Noël; les enfans de chœurs à la Saint-Jean, et les sous-diacres à la Circoncision. Bellet, écrivain du douzième siècle, fait mention de ces danses, et ajoute qu'il y avait cer-

taines églises où les évèques et les ar-
chevèques jouaient aux dés, à la paume,
à la boule et autres jeux, et dansaient
avec leur clergé dans les monastères et
dans les maisons épiscopales. Ce divertissement s'appelait *la liberté de décembre*, à l'imitation des anciennes saturnales. Comme dans cette fête du paganisme, les valets prenaient la place de
leurs maîtres, et créaient des rois ima-
ginaires ; de même les jeunes clercs, les
sous-diacres et les diacres officiaient
publiquement et solennellement aux
fêtes de Noël. Ils s'emparaient des hau-
tes stalles, et les chanoines devenaient
le bas chœur. La veille des Innocens,
les jeunes clers élisaient parmi eux un
évêque, l'amenaient en triomphe dans
l'église avec la mitre, la chape, les
gants, la crosse et les autres ornemens épiscopaux : il donnait la bénédiction au peuple, après quoi on le

conduisait en procession par toute la ville (*).

La *Fête de l'Ane* a été l'objet de tant de dissertations et de récits, qu'il serait fastidieux de revenir ici sur des particularités trop connues : nous nous contenterons de rappeler qu'elle était plus

(*) « Jamais, dit Nauré, les païens n'ont solennisé avec tant d'extravagance leurs fêtes pleines de superstitions et d'erreurs , que l'on solennise la fête des Innocens à Antibes. Ni les religieux prêtres, ni les gardiens ne vont point au chœur ce jour-là; les frères laïcs, les frères *coupe-choux,* qui vont à la quête, ceux qui travaillent à la cuisine, les marmitons, ceux qui font le jardin, occupent leurs places dans l'église; et disent qu'ils font l'office convenable à une telle fête lorsqu'ils font les fous et les furieux, et qu'ils le sont en effet. Ils se revêtent d'ornemens sacerdotaux, mais tout déchirés, s'ils en trouvent, et tournés à l'envers; ils tiennent dans leurs mains des livres renversés et à rebours, où ils font semblant de lire avec des lunettes dont ils ont ôté les verres, et auxquelles ils ont agencé des écorces d'orange, ce qui les rend si difformes et si épouvantables, qu'il faut l'avoir vû pour le croire, surtout après qu'ayant

particulièrement célébrée dans les églises de Sens, de Rouen, de Vienne, d'Autun et de Troyes. Mais la *Procession du Renard*, beaucoup moins connue, n'en sera que plus curieuse à décrire. On y voyait figurer un renard couvert d'un surplis agencé à sa taille, ayant la mitre et la tiare sur la tête. On avait le soin de mettre de la volaille à sa portée. Cet animal, naturellement vorace, oubliait parfois ses pieuses fonctions

soufflé dans les encensoirs qu'ils tiennent en leurs mains et qu'ils remuent par dérision, ils se sont fait voler de la cendre au visage, et s'en sont couvert la tête les uns les autres. Dans cet équipage, ils ne chantent ni des hymnes, ni des psaumes, ni des messes à l'ordinaire, mais ils marmottent certains mots confus, et poussent des cris aussi discordans que ceux d'une troupe de pourceaux : de sorte que les bêtes brutes ne feraient pas moins qu'eux l'office de ce jour; car il vaudrait mieux en effet amener des bêtes brutes dans l'église pour louer leur Créateur à leur manière. »

pour se jeter sur les poules, qu'il dévorait en présence des assistans, à leur
grande satisfaction. On assure que le
roi Philippe-le-Bel, prince très-galli-
can, aimait beaucoup cette procession.
Il prétendait que les ravages causés
par le renard étaient l'emblème des
exactions du pape, dont il se plaignait
amèrement.

Dans le même temps, l'église de
Reims donnait un spectacle à peu près
semblable. Le mercredi saint, tout le
clergé se rendait à Saint-Remi pour y
faire une station. Les chanoines, pré-
cédés de la croix, étaient rangés sur
deux files, et tous traînaient derrière
eux un hareng qu'ils tenaient attachés
par un ruban : chacun d'eux n'était occupé que du soin de marcher sur le
hareng qui le précédait, et de sauver le
sien des surprises de la personne qui
le suivait. On ne parvint à les faire re-

noncer à ces bouffonneries, qu'en abolissant cette ridicule procession.

Plusieurs ouvrages du seizième siècle ont conservé les traces de ces cérémonies, que les chroniques ne permettent pas de considérer comme de simples débauches d'imagination de l'artiste. Dans le livre très-orthodoxe de la *Généalogie de la fin des humains huguenots*, Lyon, 1572, in-8°, on voit un singe en chaire, prêchant devant ses compagnons. Un autre animal de même espèce, couvert d'une chasuble, emporte un calice qu'il parait avoir dérobé. Tout près de la chaire est un Christ qu'un troisième singe ajuste avec une arquebuse. Le reste du tableau est dans le même goût (*). On voit encore sur les chapiteaux des grands piliers de la cathédrale de Strasbourg, un bas-relief

(*) Leber , *Mémoires sur l'histoire de France.*

représentant une procession dans laquelle on distingue un pourceau portant un bénitier, des ânes revêtus d'habits pontificaux, des singes tenant entre leurs griffes divers attributs de la religion, et un renard enfermé dans une châsse. L'église cathédrale du Mans porte aussi de pareils emblêmes sur les piliers extérieurs. On y voit des porcs dressés sur leurs pattes de derrière, tenant un bâton dans celles de devant, et des rats jouant sur des boules. Le même goût avait inspiré la décoration de la chaire des jésuites de Louvain, où était représenté le premier homme avec sa compagne. Près d'Adam figuraient un lion, un aigle et un cheval ; mais Ève paraissait ne prendre conseil que d'un paon, d'un singe et d'un perroquet, dont elle était escortée, et que le sacristain signalait épigrammatiquement aux curieux.

Le 1ᵉʳ mai, on célébrait à Vienne une autre fête qui avait assez de rapport avec les anciennes *lupercales*. Quatre hommes nus, et le corps noirci, sortaient de grand matin du palais archiépiscopal, et couraient les rues jusqu'à près l'heure du dîner, qu'ils rentraient dans l'archevêché, où devaient se rendre les meûniers et boulangers de la ville, tous à cheval et armés : ceux-ci, en arrivant, mettaient pied à terre, et attendaient un *roi* que l'archevêque avait droit de choisir. Ce monarque sortait de la salle de l'archevêché, et lorsqu'il était au bas de l'escalier, les quatre noircis venaient respectueusement lui baiser les pieds. Il montait à cheval avec tout son cortége; les noircis marchaient à la tête : on défilait gravement un à un vers l'Hôtel-Dieu, appelé *l'hôpital de Saint-Paul*. Quand on était auprès de la porte, qui devait se trouver fermée, un des gardes du *roi* venait heurter à la porte, et demandait saint Paul. Quelqu'un de la maison répondait : *Il dit ses Heures*. Le garde frappait une seconde fois; on répondait : *Il monte à cheval*. Au troisième coup on ouvrait en disant : *Véez-le ci tout prest* (le voilà tout prêt), et saint Paul paraissait à cheval, vêtu en ermite, portant en bandoulière un baril de vin, un pain, un jambon, et devant lui une coupe pleine de cendres, pour jeter dans les yeux de ceux qu'il rencontrerait sur son chemin. Le recteur de l'Hôtel-Dieu remettait saint Paul entre les mains du *roi*, qui jurait sur les saints Évangiles de le conduire et ramener sain et sauf, en lui donnant, pour veiller à sa sûreté, deux gardes du corps, dont le *roi* se rendait caution par un acte que son greffier délivrait au recteur. On craignait apparemment que ceux qui seraient insultés par l'ermite ne lui fissent payer trop cher ses insolences. De l'Hôtel-Dieu, on se transportait à l'abbaye des dames de Saint-André, où l'abbesse fournissait une *reine*; et cette cour faisait le tour de la ville, tout le peuple courant après avec des clameurs et des huées épouvantables. Ce qu'il y a de remarquable, comme preuve de l'intervention du clergé dans ces solennités bizarres, c'est que les quatre Othello dauphinois étaient nommés par l'archevêque de Vienne, par le chapitre de Saint-Maurice, par l'abbé de Saint-Pierre et par celui de Saint-André.

S'il faut en croire un auteur qui fait autorité dans la matière, le P. Ménétrier, ces extravagances étaient encore surpassées par ce qui s'exécuta en 1549, à Bruxelles, pour l'inauguration d'une image de la Vierge. Entre autres témoignages, le P. Ménétrier cite le chroniqueur espagnol , qui a écrit la relation du *Voyage de Philippe II dans les Pays-Bas.*

Après avoir décrit les croix et les bannières, l'ordre des prêtres et des religieux qui composaient une partie de cette procession, l'auteur de la relation dit que l'on vit paraître plusieurs chars *triomphans*, sur lesquels étaient représentés les principaux mystères de la vie de Notre-Seigneur et de la sainte Vierge.

« Cette pompe mystérieuse commença par la figure d'un diable en forme d'un puissant taureau, qui jetait du feu par les cornes, entre lesquelles un autre diable était assis ; l'un et l'autre étaient conduits par un enfant vêtu en loup, monté sur un *courtaut*, après lequel marchait saint Michel, vêtu d'armes luisantes, avec l'épée et la balance en main. Sur les pas de cet archange marchait un chariot chargé d'une musique, la plus extravagante qu'on ait jamais vue. C'était un ours assis qui touchait un orgue, non pas composé de tuyaux comme les autres, mais d'une vingtaine de chats enfermés séparément dans des caisses étroites où ils ne pouvaient se remuer ; leurs queues sortaient en haut, et étaient liées à des cordes attachées au registre de l'orgue, dont à mesure que l'ours pressait les touches, il faisait lever ces cordes, et tirait les queues des chats, pour les faire miauler des basses, des tailles et des dessus, selon la nature des airs que l'on voulait chanter, avec tant de proportion, que cette musique de bêtes ne faisait pas un faux ton. Au son de cet orgue bizarre dansaient des singes, des ours, des loups, des cerfs et d'autres animaux, autour d'une grande cage, sur un théâtre porté par un char tiré par un cheval. Dans cette cage, autour de laquelle dansaient ces animaux, *aient deux singes qui jouaient de la cornemuse, au son de laquelle des enfans travestis en bêtes dansaient, pour représenter la fable de Circé, qui métamorphosa les compagnons d'Ulysse. L'arbre que l'on nomme *de Jessé* faisait une autre partie de ce spectacle, pour représenter la conception de la sainte Vierge; et sur les branches de cet arbre étaient assis des enfans vêtus en rois, en patriarches et en prophètes, pour faire voir les degrés de la généalogie de la sainte Vierge; un serpent, pour exprimer le péché originel, venait après. Le Mystère de l'Assomption terminait toute cette pompe de théâtre et de représentations que l'empereur Charles V, le roi Philippe son fils, et les reines virent des fenêtres et des balcons de l'hôtel-de-ville. »

Ces extravagances rappellent enfin

la procession d'Aix où le chat jouait un rôle non moins bizarre, mais dans lequel sa queue ne courait pas les dangers qui la menaçaient à Bruxelles.

On connaît toutes les extravagances de cette procession, et l'on sait quelle difficulté éprouva le cardinal Grimaldi pour en supprimer les scènes les plus inconvenantes.

Cette fête avait été instituée au quinzième siècle par René d'Anjou, comte de Provence, grand amateur de cérémonies, de vignettes et de plain-chant. Plein de l'esprit de son siècle et des idées qu'on avait alors de la dévotion, il voulut orner la fête du Saint-Sacrement d'une espèce de tournoi, où l'on verrait joûter entre eux les dieux de la fable et les personnages les plus célèbres de l'Ancien et du Nouveau Testament, le tout par allusion au triomphe du christianisme sur le paganisme.

On y voyait un *prince d'amour*, un duc et une duchesse d'Urbin, qui représentaient la ville (probablement par allusion au mot *urbs*). Ils étaient modestement montés sur des ânes. Peu de jours avant la Fête-Dieu, on fixait l'ordre des cérémonies. Les habitans d'Aix de toutes les classes se réunissaient à l'hôtel-de-ville, sous l'autorité et avec le consentement des consuls. Le *prince d'amour* était choisi ordinairement dans la première noblesse de la ville. Le *duc d'Urbin*, qu'on appela par la suite *l'abbé de la ville*, était pris dans les rangs de la bourgeoisie. Les avocats, les procureurs, les clercs, élisaient aussi un *roi de la bazoche*, chargé de la police du tournoi.

Pendant la marche du cortége, le *prince d'amour* faisait distribuer des bouquets aux dames, par des *varlets*

en costume du quinzième siècle. Aussi
les dames ne négligeaient-elles rien pour
attirer les regards du Pâris provençal.
Tous les *Hippolyte*, tous les *Plaisir*
de la province étaient mis en réqui-
sition pour cette grande solennité. Ils
se rendaient à Aix par poudreuses pha-
langes; mais comme ils n'eussent pu
suffire le jour même à tous les *poufs*
qui les réclamaient, ils commençaient
la veille, et plus d'une élégante passait
la nuit les coudes sur une table, et la tête
dans ses mains, de peur de déranger le
galant édifice.

Le jour de la procession arrivé, on
voyait paraître, à cheval, la Renommée
avec son inévitable trompette; puis venaient à cheval les dieux de la fable : Sa-
turne avec une grande barbe, Jupiter
avec tous les attributs de la suprême puissance. Momus, à cheval, la marotte à
la main, avec un habit et un bonnet

garnis de grelots ; Mercure et la Nuit à cheval ; le *duc* et la *duchesse d'Urbin* sur leurs montures ; Moïse descendant du mont Sinaï, le front orné de cornes lumineuses ; Aaron, une foule de Juifs adorant le veau d'or, porté, par l'un d'eux, au bout d'une pique. On y joignait ce qu'on appelait *lou jué dou cat* (*le jeu du chat*). Ce jeu consistait à jeter un chat en l'air et à le retenir dans ses mains.

Suivaient Pluton et Proserpine à cheval. Ils étaient habillés de noir, avec une couronne sur la tête, et les clefs de leur sombre séjour à la main.

Après eux venaient les acteurs chargés d'exécuter le *petit jeu* des diables. Un enfant en corset blanc, les bras et les jambes nus, figurait une âme. Elle tenait une croix à la main, et avait à côté d'elle un ange. Les diables, en habits horribles chargés de grelots,

armés de fouets et de fourches, l'entouraient de toutes parts; l'ange la défen-
dait, mais il était lui-même attaqué
par un diable armé d'une massue, et
qui le frappait impitoyablement sur les
épaules : l'ange avait eu soin de les
garnir de coussins revêtus d'une espèce
de cuirasse, et les coups retentissaient
sans lui faire de mal. Au troisième coup
de massue, l'ange sautait, l'âme l'em-
brassait, et le combat était fini. Alors
commençait un autre combat, qu'on
appelait *le grand jeu des diables*. C'était
le roi Hérode qui en faisait les honneurs.
Il était en habits royaux, la couronne
sur la tête; une douzaine de démons
l'entouraient avec de longues fourches. Le pauvre prince, armé de son
sceptre, et la couronne en tête, se dé-
fendait comme roi responsable. Enfin,
après quelques momens d'un combat
opiniâtre, il faisait un saut, et les

diables le quittaient jusqu'à nouvel ordre.

A leur suite paraissaient Neptune et Amphitrite, *à cheval,* suivis d'une troupe de faunes, de dryades, dansant au son du tambourin; puis Pan et la nymphe Syrinx; Bacchus dans un petit char, sur un tonneau; Mars et Minerve à cheval; Apollon et Diane; la reine de Saba au milieu des fanfares, suivie de ses dames du palais; les grands danseurs et les petits danseurs; le grand char, portant Jupiter, Junon, Vénus vêtue très-légèrement; Cupidon, son fils, avec son arc et son carquois; les Jeux, les Ris et les Plaisirs; un autre char, pour les trois Parques avec leurs attributs. Cette marche était terminée par des tambours et des fifres. Outre le jeu des diables, on donnait encore le jeu de la mort. C'était un spectre hideux élevé sur des ossemens, et brandissant sa faux de tous côtés. Enfin, pour égayer la scène, une troupe de jeunes pages se livraient aux gestes et aux mouvemens les plus licencieux. Venaient enfin la bannière, la croix, le clergé, le Saint-Sacrement, suivis des corps de la ville et des magistrats.

Ce fait, sur lequel s'accordent les traditions écrites et orales, joint au caractère des personnages du jeu, ne laisse aucun doute sur le mélange complet du sacré et du profane, dans ces bizarres solennités, dont une imitation fut encore donnée dans les premières années de l'Empire, en l'honneur d'une sœur de Napoléon.

C'est au seizième siècle que le goût des processions à spectacle se répandit plus particulièrement en France. La ligue, féconde en crimes de toute espèce, ne le fut pas moins en cérémonies absurdes en ce genre, que les goûts personnels de Henri III avaient d'abord mises en vogue. De Thou nous a conservé la description d'une de ces processions qui, exécutée à Chartres en présence de ce prince, reflète parfaitement la physionomie tout-à-la-fois sombre, bouffonne et mystique de l'époque.

« A la tête paraissait un homme à grande barbe sale et crasseuse, couvert d'un cilice, et par-dessus un large baudrier, d'où pendait un sabre recourbé; d'une vieille trompette rouillée il tirait par intervalle des sons aigres et discordans; après lui marchaient trois autres hommes aussi malpropres, ayant chacun en tête une marmite grasse, au lieu de casque, portant sur leurs cilices des cottes de mailles, avec des brassards et des gantelets; ils avaient pour armes de vieilles hallebardes rouillées : ces trois personnages roulaient des yeux hagards et furibonds, et se démenaient

beaucoup pour écarter la foule accou-
rue à ce spectacle. Après eux venait frère
Ange de Joyeuse, ce courtisan qui s'était
fait capucin l'année précédente. On
lui avait persuadé, pour attendrir Henri,
de représenter dans cette procession le
Sauveur montant au Calvaire : il s'était
laissé lier et peindre sur le visage des
gouttes de sang qui semblaient décou-
ler de sa tête couronnée d'épines; il paraissait ne traîner qu'avec peine une
longue croix de carton peint, et se laissait tomber par intervalles, poussant
des gémissemens lamentables.

« A ses côtés marchaient deux jeunes
capucins, revêtus d'aubes, représentant
l'un la Vierge, l'autre la Magdeleine. Ils
tournaient dévotement les yeux vers le
ciel, faisant couler quelques fausses
larmes; et toutes les fois que frère Ange
se laissait tomber, ils se prosternaient
devant lui en cadence. Quatre satellites

fort ressemblans aux trois premiers, tenaient la corde dont frère Ange était garotté, et le frappaient à coups de fouet, qui s'entendaient de très-loin. Une longue suite de pénitens fermait cette marche singulière. »

A Paris, il se faisait en même temps des processions de trente mille personnes où le clergé ligueur paraissait bizarrement affublé d'équipemens militaires. Les fanatiques du parti mettaient à tout cela beaucoup de ferveur, mais les esprits forts les appréciaient à leur valeur et en faisaient des parties de plaisir. Le chevalier d'Aumale n'y paraissait que pour jeter des dragées aux dames avec une sarbacane, et sa cousine la dame de Sainte-Beuve « s'y laissait mu- « gueter et attoucher au scandale de « plusieurs qui allaient là de leur bonne « foi. » Ces processions, faites souvent de nuit et par des personnes demi-nues,

donnaient lieu, comme on pense, en effet à toutes sortes de scandales. « Tout
était carême-prenant, dit l'Étoile, c'est
assez dire qu'on en vit des fruits. »

La procession des pénitens de Perpignan, qui subsistait en 1755, et qui
a encore aujourd'hui des analogues en
Espagne, offrait des scènes aussi bizarres
quoique moins indécentes. On n'y comptait pas moins de quatre mille flambeaux, et l'on y voyait figurer les *dames-
Jeannes*, les *traîneurs de chaînes*, *les
barres de fer* et les *flagellans*, entre-
mêlés dans la procession, et à des dis-
tances indéterminées. Les *saints Jérôme*
étaient habillés comme des pénitens
noirs, à l'exception de leur capuce, qui
était rabattu. Les premiers portaient
un plat de cendres, qu'ils indiquaient
avec l'index de la main droite; les autres s'accolaient deux à deux, pour
traîner une chaîne de fer fort longue et

fort pesante. Les *Dames-Jeannes*, destinées à porter une tête de mort, avaient un casque, une cuirasse et une culotte de spath d'une seule pièce. Il leur était impossible, à cause de la raideur de leur habit, de faire un pas sans écarter ridiculement les cuisses. Les *barres de fer*, les bras étendus en croix, et emmaillottés sur une barre de fer avec une bande de spath, restaient quelquefois six heures dans cette pénible situation. Les *flagellans*, en corset et jupon blancs brodés de noir, étaient affublés d'un capuce en pain de sucre, haut de cinq pieds, qui laissait tomber sur le visage un masque percé de deux trous. Au corset était pratiquée une large ouverture, qui mettait à nu la plus grande partie du dos. C'était là qu'ils frappaient, souvent jusqu'à faire couler le sang, avec une discipline armée d'étoiles d'argent.

Quoique nous n'ayons cité que des exemples français, il ne faut pas croire que ces extravagances se fussent bornées à notre pays. La procession du géant Goliath s'est maintenue à Anvers jusqu'à nos jours; et à Londres, il était autrefois d'usage qu'à certains jours de l'année le peuple se rassemblât à l'église cathédrale de Saint - Paul, où l'on apportait avec pompe, au son des cors, jusqu'au pied du maître-autel, la tête d'une bête fauve plantée au bout d'une lance.

L'Allemagne, où les mœurs prennent un reflet des costumes, des habitations et des monumens du moyen âge, a conservé des traditions et des solennités que n'exclut pas la réforme. Même au sein de ces universités qu'on représente comme essentiellement progressives, vous voyez se perpétuer des usages qui datent de la paix de Westphalie. Cette fois la mort d'un camarade servira de prétexte. Le soir du jour fixé pour l'enterrement, toutes les mesures étant prises, on se réunit, à la nuit tombante, dans les lieux de rassemblement accoutumé des diverses corporations. On s'y munit de longs flambeaux de poix et de cire, et quand on est au complet, on va se placer à la suite du corbillard, chaque corporation au rang que l'usage ou le tour de rôle lui assigne. En tête marche la musique, qui, d'intervalles en intervalles, fait entendre des sons lugubres. Les plus beaux garçons, choisis un dans chaque corps, et qu'on appelle *chapeaux d'honneur*, en grand costume noir, culottes courtes, bas de soie, et le chapeau-clac sous le bras (car ils vont tête nue en quelque saison que ce soit et quelque temps qu'il fasse), marchent des deux côtés du cercueil, autour duquel on fait porter des torches qui jettent un reflet rougeâtre sur la scène. Puis viennent les étudians, rangés en deux longues files, entre lesquelles les chefs des corps se promènent, maintenant l'ordre de la marche et paradant avec leur costume et leur armure : car, outre la toque de rigueur, ils portent une large écharpe aux couleurs du corps, les bottes à l'écuyère, les éperons, les gants à la Crispin, et tiennent à la main l'épée nue. Arrivées au cimetière, les deux haies se séparent pour former un vaste cercle de points lumineux autour de la tombe préparée. Le pasteur et un étudiant font chacun un discours, après quoi la musique recommence, et l'on adresse au mort un dernier adieu.

De ce moment, tout le cortége est comme saisi d'un vertige. Au milieu de la confusion où chacun s'efforce de reprendre son rang et de se trouver avec ceux de la corporation à laquelle il appartient, on regagne la porte de l'asile de la mort. A peine les premiers l'ont-ils dépassée que la musique retentit, folle et joyeuse. En sortant, on pouvait bien déjà remarquer quelques mouvemens d'une espièglerie mal déguisée; l'étudiant éclairait de son flambeau certains minois, on brûlait la barbe des Philistins (bourgeois) qui approchaient de trop près du cortége; mais ces épisodes passaient, se perdaient dans une certaine apparence de dignité générale qu'on conservait encore. Au retour cette pétulance éclate et ne connaît plus de frein. On rentre au pas de course; tous poussent des cris, brandissent leurs flambeaux, effraient les passans; chacun semble excité par la folie contagieuse des autres. On ne tarde guère à arriver sur la place de l'université, tant on va vite. Là, on lance tous les restes des flambeaux sur un même point, on les amoncelle, et toute cette résine s'embrase à-la-fois. Les étudians se pressent autour; la fumée s'élève en épais tourbillons. Alors les *chapeaux d'honneur* et les chefs de corps se réunissent en un groupe pour donner le ton, et les étudians tous d'une voix entonnent le fameux *Gaudeamus igitur*, etc., dont voici la traduction.

« Amusons-nous tant que nous
« sommes jeunes; car après la folle
« jeunesse, après la pénible vieillesse,
« nous retournerons à la terre.

« Notre vie est courte, elle sera bien-
« tôt finie; la mort vient vite et nous
« enlève tous. La cruelle! il n'est per-
« sonne qu'elle épargne.

« Vive l'Université! Vivent les mem-
« bres du corps académique!

« Vivent toutes les filles douces et

« jolies! Vivent les femmes qui donnent
« à l'Université de nouveaux sujets!

« A bas la tristesse! A bas le diable!
« A bas tout ennemi des étudians (*)! »

Tous les préceptes de ce chant sont scrupuleusement mis en pratique. Le chant fini, chaque corporation court à sa *kneip*, au lieu où elle a coutume de se réunir pour fumer, chanter et boire. Peu se feront faute de s'enivrer le soir, car le sénat académique, vu la solennité du jour, a été obligé d'accorder *nuit franche*, et les limiers de la police universitaire n'ont pas le droit de se présenter avant deux heures. Ne demandez pas ce qu'il en advient, et quelle figure les étudians font un lendemain de *fackelzug* (c'est ainsi qu'on nomme cette marche aux flambeaux). Si vous vous informez de leur santé, ils vous répon-

____

(*) *Revue germanique.*

dront du plus grand sérieux, qu'ils ont le *katzenjammer* (le mal des chats.)

A côté des processions religieuses, plus ou moins accompagnées de bouffonneries, il se maintint en France jusqu'à la fin du dernier siècle plusieurs cérémonies exécutées par des laïques qui, tout en empruntant les appellations à l'ordre ecclésiastique, exploitaient exclusivement la satire dans le sens des *moralités* et des *sotties*, avec l'origine desquelles se confond leur origine. Telles étaient la *compagnie de la Mère folle* de Dijon, *l'Abbé des cornards* d'Évreux, *l'évêque Fou* de Vienne, les prieurs de la *Malgouverne* de Rhodez et du *Plat d'argent* du Quesnoy, etc.

L'institution de la *Compagnie de la mère folle* de Dijon rentre trop directement dans le sujet de ce travail, pour que, bien que fort connue, on ne lui accorde pas ici une courte mention.

Cette société qui, entre autres personnages de marque, compta parmi ses membres un Bourbon-Condé, paraît avoir été créée dans l'origine, à l'imitation de la *Société des fous*, établie dans ses états, par un comte de Clèves, avec lequel la maison de Bourgogne avait de fréquens rapports. Les trente-six seigneurs qui composaient cette *Société des fous* devaient porter sur leurs manteaux un fou d'argent, en broderie, vêtu d'un petit justaucorps, et d'un capuchon tissu de pièces jaunes et rouges, avec des sonnettes d'or, des chausses jaunes et des souliers noirs, tenant en sa main une petite coupe pleine de fruits. Ils s'assemblaient le premier dimanche après la Saint-Michel, et c'était pour eux une obligation de se trouver à cette réunion, à moins qu'ils ne fussent malades, ou à plus de six journées de Clèves.

10.

La plupart des villes des Pays-Bas, dépendantes des ducs de Bourgogne, avaient de semblables fêtes. Le *Prince d'amour* de Lille se nommait autrefois *le Prince des fous*; et parce que la musique faisait partie de cette fête, qu'on nommait *de l'épinette*, des hautbois en étaient l'insigne. Ces hautbois se placent encore autour des armoiries de la ville, en certaines occasions de fêtes populaires.

Dutillot, qui a fait de ces coutumes l'objet de recherches spéciales, rapporte que la compagnie de la *Mère folle* se composait partie de cavaliers, partie de fantassins. Le quartier-général était à la Poissonnerie; les membres de la compagnie portaient des habillemens bigarrés *vert, rouge et jaune*; un bonnet de même couleur à deux pointes, ou deux cornes avec des sonnettes. Ils tenaient en main des marottes ornées d'une tête de fou.

Cette compagnie était commandée par celui des sociétaires qui s'était rendu le plus recommandable par sa bonne mine, ses belles manières, et qui était choisi par la société. Il s'appelait la *Mère folle*. Il avait toute sa cour comme un souverain, sa garde suisse, et ses gardes à cheval, ses officiers de justice et de la maison, son chancelier, son grand écuyer, et tous les autres dignitaires de la royauté.

L'infanterie, qui était de plus de deux cents hommes, portait un guidon ou étendard dans lequel étaient peintes des têtes de fous sans nombre, avec leurs chaperons, et plusieurs bandes d'or, et pour devise : *Stultorum infinitus est numerus*. Elle portait un drapeau à deux flammes de trois couleurs, rouge, verte et jaune, de la même figure et grandeur que celui des ducs de Bourgogne, au corps duquel était peinte

une femme assise, vêtue pareillement
de trois couleurs, rouge, verte et jaune,
ayant en main une marotte à tête de
fou, et un chaperon en tête à deux
cornes, avec une infinité de petits fous
coiffés de même, qui sortaient par-
dessous et par les fentes de sa jupe,
avec de pareilles bandes d'or et une
devise pareille à celle de l'étendard, et
garni autour de franges rouges, vertes
et jaunes.

Les lettres-patentes qui étaient expé-
diées à ceux que l'on y recevait, étaient
sur parchemin, écrites en lettres de
trois couleurs, avec un sceau de cire
aussi de trois couleurs, dans lequel
était empreinte la figure d'une femme
assise, portant un chaperon en tête,
avec une marotte en main, et la
même inscription qu'à l'étendard. Il
était attaché aux lettres avec un cordon
de soie rouge, verte et jaune, et elles

étaient signées par le *Griffon vert*, comme greffier.

Quand ils s'assemblaient pour manger ensemble, chacun portait son plat. La *Mère folle* avait cinquante suisses pour sa garde; c'étaient des plus riches artisans de la ville, qui ne refusaient pas d'en faire la dépense, lorsque l'occasion s'en présentait. Ces suisses faisaient garde à la porte de la salle de l'assemblée, et accompagnaient la *Mère folle* à pied, à la réserve de leur colonel, qui montait à cheval, aussi bien que les officiers de l'infanterie, quand elle marchait.

Lorsque la compagnie marchait dans les occasions solennelles, c'était avec de grands chariots peints, traînés chacun par six chevaux caparaçonés, et avec des couvertures de trois couleurs, conduits par leur cocher et leur postillon, vêtus de même. C'était sur ces chariots qu'étaient ceux qui récitaient des vers bourguignons, habillés comme le doivent être les personnages qu'ils représentaient. La compagnie marchait en ordre avec ces chariots par les plus belles rues de la ville, et les poésies et satires se récitaient devant le logis du gouverneur, ensuite devant la maison du premier président du parlement, et enfin devant celle du maire.

Quatre hérauts avec leurs marottes marchaient en tête devant le capitaine des gardes, après lequel venaient les chariots, et la *Mère folle* ensuite, précédée de deux hérauts, et montée sur une haquenée blanche. Elle était suivie de ses dames d'atour, de six pages et de douze laquais, après lesquels suivait l'enseigne; puis soixante officiers, les écuyers, fauconniers; grands veneurs et autres. A la fin marchait le guidon, suivi de cinquante cavaliers, et à la queue, le *fiscal vert*, et ses deux conseils, habillés comme lui ; puis les suisses qui fermaient la marche.

La *Mère folle* montait quelquefois sur un chariot fait exprès, tiré par deux chevaux, lorsqu'elle était seule : toute la compagnie précédait et suivait alors ce char. D'autres fois on y mettait dix ou douze chevaux richement caparaçonés, lorsqu'on avait construit sur les chariots un théâtre capable de contenir, avec la *Mère folle*, des acteurs habillés suivant la cérémonie, lesquels récitaient aux coins des rues, des vers français et bourguignons conformes au sujet. Une bande de violons et une troupe de musiciens étaient sur ce théâtre.

S'il arrivait dans la ville quelque événement singulier, comme larcins, meurtres, mariages bizarres, séduction, etc., alors le chariot et l'infanterie étaient sur pied, et l'on habillait une personne de la troupe, de manière à imiter en charge les héros de l'aventure : c'est ce qu'on appelait *faire marcher la Mère folle*, ou *l'infanterie dijonnaise*.

L'Abbé des cornards d'Evreux (ABBAS CORNARDORUM) faisait encore partie de cette pléiade de princes bouffons, monarques à grelots, dont le règne éphémère s'exerçait par la satire. Quelques savans du dernier siècle se sont fort escrimés pour trouver une étymologie docte et pudique à son titre, mais il n'en est pas moins certain qu'il était emprunté à cette partie de ses prérogatives qui s'exerçait contre les infortunes conjugales. C'est par-devant ce singulier arbitre que l'auteur de l'*Arresta amorum* porte la cause du « Rè-« glement des arrérages requis par les « femmes à l'encontre de leurs maris. »

Le quatrain suivant vient, du reste, tout-à-fait à l'appui de cette opinion :

> Au jour de saint Arnou,
> Patron des coux (c....),
> On élit parmi nous
> L'abbé des fous.

La dignité d'*abbé des cornards* étant annuellement élective, donnait lieu à beaucoup de brigues, et changeait souvent de titulaire.

> *Cornards* sont les Buzot et non les Rabyllis
> *O fortuna potens quam variabilis.*

dit une espèce de poëme macaronique du seizième siècle, où figurent des noms de familles qu'on connaît encore aujourd'hui dans l'Eure.

Le cérémonial usité pour l'Abbé des cornards ne différait des autres divertissemens du même genre, que par le *libretto*, qui variait nécessairement en raison des personnalités toutes locales, qu'il était, avant tout, destiné à répandre. Aujourd'hui même il se chante encore à Evreux, parmi le peuple, des espèces de *Noels* qui ont fait évidemment partie de ce rituel grotesque ; et le *Mercure* d'avril 1725 a conservé tout entière une de ces pièces, où il est question d'un certain prieur de Saint-Taurin, dom Bucaille, dont les visites à la dame de Vénisse, abbesse du couvent de Saint-Sauveur, avaient donné lieu à de malins commentaires.

Vir monachus in mense julio
Egressus est è monasterio
C'est dom de La Bucaille.
Egressus est sine licentia
Pour aller voir *dona Venissia*
Et faire la ripaille, etc.

C'était le jour de la Saint-Barnabé,

que l'*Abbé des cornards* exerçait sa redoutable prérogative; et par un singulière coïncidence, ce jour était le même où il se faisait à Lisieux une cavalcade ecclésiastique dont le programme n'offrirait rien de fort édifiant.

Plusieurs chapitres de France avaient en outre leur *Abbé des fous*, dont les fonctions consistaient à signaler certaines inadvertances cléricales, comme l'omission de quelque partie des offices, ou l'oubli de vêtir quelque ornement indiqué par le rituel.

Rhodez avait son *Abbé de la malgouverne*, dont le titre indique les abus qu'il était appelé à châtier; et Viviers, son *Abbé du clergé*, sur lequel un manuscrit, extrait par M. Leber, nous a conservé de curieux détails. C'était le *bas chœur* qui exerçait en cette circonstance les droits électoraux. La nomination terminée, le récipiendaire était

porté, sur les épaules de ses manda-
taires, dans une salle où tout le chapitre, y compris l'évêque, était rassem-
blé ; une collation copieuse y était
disposée, et lorsqu'elle avait mis en
gaieté les assistans, ils se divisaient en
deux bandes, le *haut-chœur* d'un côté,
le *bas-chœur* de l'autre, et s'apostro-
phaient de paroles, de chansons et de
lazzis, jusqu'à ce que la victoire restât
comme cela arrive souvent encore à
ceux qui criaient le plus fort et le plus
long-temps.

Saint-Étienne avait son *évêque fou*
(*episcopus stultus*) qui, le jour de la
fête patronnale, occupait le siége épis-
copal, revêtu des ornemens pontificaux,
à l'exception que la mitre était remplacée
par une sorte de bourrelet. A la fin de
l'office, où il recevait les mêmes honneurs que le véritable prélat, son au-
mônier disait à haute voix :

Silete ! silete ! silentium habete !

Le chœur répondait : *Deo gratias.*

L'évêque fou, après avoir dit l'*adjutorium*, donnait sa bénédiction, suivie de ces grotesques indulgences que prononçait gravement son aumonier :

« De par moussenhor l'évesque, que Dieu vous donne mal au *bescle* (foie), avec une plene *banasta* (banne) de pardons, et *dos dès de raycha dessos lo mento* (et deux doigts de teigne sous le menton). »

Cette coutume, comme toutes celles du même genre, qu'on vient de décrire, doivent certainement choquer, au premier abord, par leur inconvenance et leur grossiereté bizarre ; mais ceux qui s'en scandaliseraient, ou prétendraient en faire un texte à déclamation contre telle classe ou tel ordre de choses, doivent, avant tout, envisager ces usages dans leurs rapports avec l'état et les usages de leur époque. Tel est, en général, le point de vue où il faut se placer pour juger sainement, impartialement les hommes et les choses, et surtout les actes politiques d'un autre âge. Ainsi s'expliquent tant de crimes isolés, tant de sanglans épisodes, dont l'adoucissement de nos mœurs et la marche de la civilisation doublent aujourd'hui l'horreur pour qui les isole des faits contemporains. Privés de ces moyens d'investigation universelle et de communication rapide qui constituent la haute police, avec une administration entravée par l'exercice de tant d'immunités diverses, peu sûrs de tribunaux souvent hostiles, les gouvernemens n'étaient instruits des complots qu'au moment où le cours de la justice eût été impuissant ou opposé à les prévenir. Ils demandaient alors à la violence ce que les lois leur eussent refusé ou fait trop attendre : le poignard tranchait tous les nœuds politiques ; et les meneurs de chaque parti, princes et sujets, orthodoxes et dissidens, venaient tomber tour-à-tour dans des guet-à-pens effroyables, mais qui semblaient alors chose toute simple aux gens qui étaient de leur temps, et presque tout le monde était du sien. S'élever au-dessus des influences et des idées de son siècle, en effet, c'est le génie ; et ceux qui imputeraient à crime à des individus de ne pas s'être affranchi de ces influences, s'exposeraient à trouver trop de coupables, même parmi les contemporains.

VII.

—

Les Mystères jouissaient encore à Paris, comme en province, d'une grande vogue, lorsqu'il leur surgit une redoutable concurrence. En possession de représenter certaines pièces à certaines époques, les *clercs de la bazoche* imaginèrent d'étendre leur cadre dramatique; mais arrêtés par le privilége des *confrères de la Passion*, ils durent chercher des routes nouvelles à la scène qu'ils voulaient créer. Les *confrères* exploitant exclusivement les sujets religieux, ils demandèrent des inspirations à la satire, et prêchèrent la morale sous le voile d'une allégorie très-diaphane en personnifiant les vices et les vertus; celles-ci finissent toujours par triompher pour la plus grande édification des spectateurs, qui, soit dit en passant, n'en devinrent ni pires, ni meilleurs. Telle fut l'origine des *Moralités*, qui diffèrent en cela des *Mystères*, qu'un grand nombre de leurs sujets implique réellement une « moralité ». C'est le mauvais riche puni de son avarice, c'est la *villageoise qui aima mieux avoir la tête coupée par son père, que d'être violée par son seigneur*, « faicte à la louange des honnêtes filles. » C'est un empereur qui, ayant fait décapiter Saint-Valentin devant lui, pendant qu'il est à table, s'étrangle avec un os et est immédiatement emporté par le diable. Les *clercs* eurent d'abord un grand succès, par la raison toute simple que, des vertus qu'ils préconisaient, la charité n'était pas celle qu'ils se piquaient d'observer le mieux, et parce qu'ils s'arrangeaient de manière que le public attachât des noms propres à leurs personnages allégoriques. Ce qui contribuait encore à leur succès, c'est que, auteurs et acteurs tout à-la-fois, ils donnaient à leurs représentations une chaleur et un mordant que ne pouvaient offrir les *jeux* liturgiques des *confrères*. Dans le principe, ils ne jouaient que trois fois par an : 1° le jeudi d'après les Rois; 2° à la plantation du *mai* dans la cour du palais; 3° à la *montre* ou cavalcade , dans laquelle le roi de la bazoche passait ses sujets en revue. Ils représentaient également quelques scènes aux entrées des princes. Mais quand ils eurent inventé les Moralités, ces représentations devinrent beaucoup plus fréquentes, sans qu'on puisse toutefois leur assigner des époques fixes. Bien qu'ils élevassent plus particulièrement leur théâtre aux halles, qui étaient le *forum* et le cirque de l'époque, ils n'avaient point d'endroit attitré; et cet établissement si nomade, joint à la nature de leur répertoire, donne à croire que leur mise en scène n'était ni bien étendue, ni bien compliquée. C'est ce dont ne se sont pas occupés le moins du monde les Lacroix du Maine, les Duverdier, les Desfontaines, les Levacher de Charmois;

les Beauchamp, les d'Aubignac, ni aucun des écrivains qui croyaient avoir écrit l'histoire du Théâtre-Français, quand ils avaient ressassé quelques généralités banales et copié quelques lambeaux des Mystères et des Moralités, qu'ils ne distinguent souvent pas même les uns des autres. Les frères Parfait eux-mêmes, dont on ne peut nier que l'ouvrage n'offre une critique et des investigations plus éclairées, gardent le même silence sur ces points si importans pour la connaissance de l'histoire dramatique : tombant ainsi par avance dans le malheureux système de ces historiens politiques du dix-septième siècle, qui trouvaient au-dessous de leur dignité de s'occuper des détails et des individualités, qui font cependant mieux juger une époque que le récit de dix batailles ou les protocoles de vingt congrès. Les écrivains qu'on vient de nommer ne donnent donc pas le moindre renseignement sur la représentation des *Moralités*, et l'on n'en peut trouver dès-lors que dans le texte même de ces ouvrages, en rapprochant et en comparant l'indication des jeux de scène. Ils se contentent de nous apprendre que les bazochiens causaient des scandales qui ne restaient pas impunis, puisqu'à plusieurs reprises, et notamment le 14 août 1442, ils furent mis en prison pour huit jours *au pain et à l'eau*. Tantôt maltraités par des grands, qui ne voulaient pas qu'on les jouât, tantôt encouragés par d'autres puissances qui s'amusaient de leurs critiques, ou les dirigeaient contre leurs ennemis; ils se maintinrent tant bien que mal jusqu'au règne de Louis XII, qui fut leur âge d'or comme celui des Sotties. Loin de réprimer leur verve, il leur donna pleine licence, « Se plai-

« gnant, dit Bouchet, que personne ne
« lui voulait dire la vérité, ce qui était
« cause qu'il ne pourrait savoir com-
« ment son royaume était gouverné, il
« permit les théâtres libres. Il voulut
« que sur iceux on jouât et vitupérât
« librement les abus qui se commet-
« taient tant en sa cour comme en son
« royaume. » Le *bon sire* poussa même
la longanimité jusqu'à ne pas exiger
qu'on l'épargnât lui-même ; et pour
donner une preuve positive de sa pro-
tection aux bazochiens, il leur permit
d'établir, toutes les fois qu'ils le vou-
draient, leur théâtre dans la salle de la
Table de marbre, au Palais de justice,
ce qui prouve encore que leur matériel
ne devait pas être fort considérable.
Quelques-unes de ces *Moralités*, comme
celle de *l'Homme pécheur*, étaient assez étendues, bien qu'elles le fussent
beaucoup moins que les Mystères, mais

elles ne comprenaient en général que cinq, huit ou dix personnages, et l'action fort simple n'exigeait aucun changement de scène ou de décors. De ce nombre sont *le Mauvais riche et le Ladre* (le Lépreux). *Le Caro, Mundus et Demonia, l'Enfant prodigue,* la Moralité d'*Une villageoise, qui aima mieux avoir la tête coupée par son père, que d'être violée par son seigneur;* le *Dialogue a'un paysan et d'un tavernier.* Plusieurs catalogues classent aussi, parmi ces Moralités, un *Sermon de la Vie de saint Ognon;* « et comment Nabuzar-« den, le maître queux (cuisinier), le « fit *martyrer,* avec les miracles qu'il « fait chaque jour. » Tout porte cependant à croire que cette pièce, bien que dialoguée comme le célèbre *Desbat de la chair et du poisson,* n'était autre qu'un petit poème du genre de LA VIE DE SAINT HARENG, *glorieux martyr;*

morceau rare où, sous le voile d'une assimilation très-hardie pour le quinzième siècle, on donne des détails culinaires assez curieux sur le parti qu'on tirait alors de ce poisson.

> Entre Boulogne et l'Angleterre
> Fut pris le corps de *saint Hareng*
> Qui souffrit plus que saint Laurent.
> A Dieppe son corps fut porté,
> Puis il fut mis en la fumée,
> Pendu en guise de larron,
> Et depuis mangé *au cresson*,
> Au *vinaigre*, à *la moutardée.*
> Tant est gracieulx et courtois
> Qu'on le mange avec des pois;
> Et les bonnes gens de village
> En font souvent de bon potage.
> C'est grand péché que saint Hareng
> Soit martyr aussi souvent.

En général, on peut donner comme type de ces compositions *La Condamnation du banquet*, allégorie gastro-hygiénique, beaucoup mieux conduite que la plupart des pièces du même genre.

La scène s'ouvre par un pique-nique, où figurent *Bonne-Compagnie*, *Je-bois-à-vous*, *Souper*, *Passe-Temps*, *Friandise* et *Gourmandise*. Tous se mettent à table en annonçant les meilleures dispositions. « Moi, dit Gourmandise,

> Je quiers le gras bœuf et le ris,
> Chappons et poules bien nourris ;
> Car de la panse
> Vient la danse.

Les convives commencent à fonctionner en conséquence, mais dans le moment où ils font le plus d'honneur au repas, des figures étranges se montrent à une des fenêtres de la salle à manger. Ce sont *Apoplexie*, *Paralysie*, *Epilepsie*, *Pleurésie*, *Colique*, *Esquinancie*, *Jaunisse* et *Gravelle*. Ces personnages pa-

thologiques épient les convives, prêts
à leur faire porter la peine de leur in-
tempérance. *Souper,* qui leur sert d'a-
gent provocateur, leur donne le signal,
et ils viennent fondre tout-à-coup sur
les convives.

ÉPILEPSIE.

A eux ! à eux !

PLEURÉSIE.

A l'assaut ! à l'assaut !

BONNE COMPAGNIE.

Alarme ! Quelles gens sont ceci.

ESQUINANCIE.

Vous avez l'estomach trop chaud.

SOUPER.

Tous partirez de ma maison.

PASSE-TEMPS.

Ah ! l'hoste faites-vous ainsi,
Bien vois qu'il y a trahison.

Les maladies terminent ce colloque, en mettant en déroute les convives, qui en sont quittes toutefois pour des blessures, c'est-à-dire pour des indigestions, ce qui ne les empêche pas de s'exposer bientôt à de nouveaux dangers, en acceptant l'invitation de *Banquet*, qui compte bien les mieux traiter, c'est-à-dire les mieux punir que *Souper*.

> *Souper*, dit-il, est assez décevable,
> Mais ne sonnez mot toutefois ;
> Car je leur serai plus grévable (dangereux)
> Qu'il n'a esté cent mille fois.

Banquet fait donc tout disposer ; puis il va prier les désastreux convives de *Souper*, qui font d'abord quelques difficultés.

BONNE COMPAIGNIE.

> Ah ! Banquet, il y a manière,
> Car Souper, à tous, sa cohorte,

Nous a chassés de sa tanniere,
A horions d'estrange sorte.

GOURMANDISE.

Sur ma foy, j'en suis presque morte.

BANQUET.

Vous avez esté trop avant.

FRIANDISE.

Il m'a fallu gagner la porte.

JE-BOIS-A-VOUS.

Et moy après.

PASSE-TEMPS.

Et moy devant.

Ils se remettent tous à table, et vers la fin du repas, *Banquet* appelle les Maladies, qui après un *chamaillis* mettent à mort *Je-Bois-à-vous, Friandise* et *Gourmandise. Bonne-Compagnie* s'échappe, et vient porter ses plaintes à

Dame Expérience, qui appelle *Sobriété*, *Clystère*, *Pilule*, *Saignée* et *Diète*, et leur ordonne d'aller arrêter Banquet et Souper. *Banquet* et *Souper* sont conduits en prison. Expérience tient conseil avec Hippocrate, Galien, Avicenne, Averroès. On interroge les accusés qui avouent leur crime, et *Remède* leur lit la sentence suivante.

Vu le procez de l'accusation,
Qu'on peut nommer, populaire action,
Faict de pied çà, par *Bonne-Compagnie*,
Car elle touche au peuple, et sa mesgnie,
Vu l'hommice accompli par envie
Es personnes, premier de *Gourmandise*,
Et d'autres trois, qui ont perdu la vie,
Je Bois-à-vous, *Je-pleige*, et *Friandise*.
Consequemment confession ouye,
Qu'a faict *Banquet*, sans quelconque torture,
D'avoir occis, après chiere esjouïe,
Les quatre morts, qui sont en pourriture,
Et du *Souper*, confessant sa bature,
Qu'il perpétra, sans en rien différer.

Partant disons, tout pour diffinitive,
Et juste droict, sans repréhension :
Que le *Banquet*, pour sa faulte excessive,
En commettant cruelle occision,
Sera pendu à grant confusion,
Et l'estrangler, pour punir sa malice.
Nos gens ferons ceste exécution :
Et le mettront à l'extrême supplice.
Quant à *Souper*, qui n'est pas si coupable,
Nous luy ferons plus gracieusement,
Pour ce qu'il sert de trop de metz sur table,
Il le convient restraindre aulcunement :
Poignetz de plomb, pesans bien largement,
Au long du bras aura son pourpoint,
Et du Disner, pris ordinairement,
De six lieues il n'approchera point.

Cette pièce, faite « en l'honneur et
« excellence de Louis douzième, roi de
« France », se trouve imprimée à la
suite de la *Nef de santé*, et du *Gouver-
nail du corps humain*, avec l'indication
des lazzis ci-dessus mentionnés, mais
sans aucun renseignement sur la disposition ou l'étendue de la scène.

Après la *Moralité* de *l'Homme pé-cheur*, la plus longue qui nous ait été conservée, est celle de *l'Homme juste et de l'Homme mondain*; elle ne contient pas moins de trente-six mille vers, et procède beaucoup des Mystères sous ce rapport, comme sous celui de l'action. De même que dans le Mystère de sainte Barbe, la *Terre* s'empare du corps de *l'Homme mondain*, pendant que les diables emportent son âme en enfer, où son bon ange, lui servant de *cicérone*, explique tous les objets qui s'offrent à elle.

L'ANGE.

En ceste montagne et hault roc,
    Pendus au croc
Abbé y a, et Moyne au froc,
Empereur, Roy, Duc, Comte et Pape :
    Bouteiller avecques son broc,
        De joye à poc :

Laboureur aussy ô (a) son soc,
Cardinal, Evesque ô sa chappe.
Nul d'eulx jamais delà n'eschappe,
    Que ne les happe
Le Dyable avec un ardent croc.
Mys ilz sont en obscure trappe
    Puis fort les frappe ;
Le Diable qui tous les attrappe,
    Avec sa rappe,
Au feu les mettant en un bloc.

Ce voyage infernal, qui se passait en grande partie en récits et en dénombremens, est calqué, comme tous ceux de la même époque, sur la vision d'un moine Irlandais, qui prétendait avoir pénétré en enfer, par le fameux *trou de Saint-Patrick.*

S'il arriva que les *Moralités* affectèrent souvent la forme ascétique des Mystères, les *Sotties*, qu'on fait généralement remonter au règne de Charles VI, n'empruntèrent aux premières que leurs intentions satiriques. Exécutées par la société des *Enfans sans souci*, dont le chef, le *prince des sots*, leur avait donné son nom, elles avaient pour but de tourner la sottise en ridicule, en se prenant plus particulièrement à l'événement du jour : c'était le vaudeville du temps. La haute magistrature et le clergé y étaient souvent attaqués avec une grande violence, comme on le voit dans le jeu du *prince des sots* et de *mère sotte*, composé à l'instigation de Louis XII, à l'époque de ses démêlés avec Jules II, à l'occasion de la pragmatique. La *mère sotte* y paraissait la tiare en tête, vêtue d'habits pontificaux, et déclarait ses projets dans cette tirade, un peu plus hardie, eu égard à l'époque, que le fameux vers de Boileau.

> Je *veux* trahir princes et rois,
> Voire quelque chose qu'il en couste,
> Et tenir somptueux arroys ;
> Me mirant à faire des rois

Bref j'appette (désire) qu'on me redoute.
Le temporel veuil acquerir
Et faire mon renom florir,
En brief vela mon entreprise.
Je me dis *mere saincte Église*,
Je veux bien qu'un chascun le note,
Je mauldis, anatémise,
Mais sous l'habit pour ma devise
Porte l'habit de mere sotte,
Bien sçay qu'on dit que je radotte
Et que suis folle en ma vieillesse,
Mais fais grumeler à ma porte
Mon fils le prince (Louis XII) en telle sorte
Qu'il diminue sa noblesse.

Une pièce qui traite du même sujet, la Sottie du *Nouveau-monde*, où figure *Légat Bénéfice-Grand* et *Bénéfice-Petit*, fut aussi composée à l'occasion des démêlés de la pragmatique, comme l'indiquent ces quatre vers en forme d'épilogue :

Prince (Louis XII) qui mets, tous faits en excellence,
Cette balance (justice pontificale) est pleine d'insolence,
D'un coup de lance, rends-la donc toute étique
En remettant surtout la pragmatique.

Une autre pièce, de Gringore, également dirigée contre la cour de Rome, porte le nom de *la chasse du cerf des cerfs*, par allusion au titre de *Servus servorum Dei*, que prennent les papes.

Une *Sottie*, analysée par les frères Parfait et par tous ceux qui les ont fidèlement copiés, offre plusieurs indications précieuses sur la mise en scène de ce genre de pièces. *Abus*, le principal personnage, ou plutôt qui remplit le rôle confié aux coryphées des tragédies grecques, a séduit *le Vieux-Monde*, qui se plaint amèrement de voir chaque jour diminuer son pouvoir; il lui persuade que pour se concilier les esprits il n'est que le plaisir. Après l'avoir « endormi » il va frapper successivement à divers arbres, dont les écriteaux indiquent qu'ils servent chacun de demeure à quelque vice. Le premier est *l'arbre de la dissolution*; il en sort un personnage travesti en homme d'église : c'est sot DISSOLU, qui court tout le théâtre en criant comme un chasseur à l'oiseau.

Vole! vole! vole! vole!

ABUS.

Veez ci (voici) gens de mon escolle.

SOT DISSOLU.

Vole, vole, vole, vole.

ABUS.

Veez ci gens de mon escolle ;
Mais, ay-je point perdu mon temps ?

SOT DISSOLU.

Ay! ha, ha, toi, toi; vole, vole,
Robeurs (escrocs), chasseurs, joueurs, gourmens,
Et aultres gens pleins de tormens,
Seigneurs dissolutz, appostates,
Ivrognes, *Napleux* (*), à grands hastes,
Venez, car votre prince est né.

(*) Attaqués du *mal de Naples.*

ABUS, *s'adressant au public.*

Mais puis, n'est-il pas guerdonné,
En enfant de bonne maison ?

SOT DISSOLU.

Allons des cartes à foison,
Vin cler, et toute gormandise.

Sot Dissolu va embrasser Abus.

« Quoi donc, ajoute-t-il en s'adressant à Abus, suis-je seul ici ? — Oui, jusqu'à présent, répond ce dernier, mais de peur que tu ne t'ennuies, je vais te donner de la compagnie. » A ces mots il frappe l'arbre suivant, et le second Sot paraît.

SOT GLORIEUX, *habillé en homme de guerre.*

A l'assault, à l'assault, à l'assault, à l'assault !
A cheval, sus en point, en armes.

ABUS.

O sang bieu ! quel prieur pour les carmes !

SOT DISSOLU.

Quel huissier pour crier deffault !

SOT GLORIEUX.

A l'assault, à l'assault, à l'assault !
A cheval, sus en point, en armes.
Je feray plourer maintes larmes
A ces gros villains de village.

ABUS.

Diriez-vous pas à son visaige
Qu'il est plaisante damoiselle ?

« Maître Abus, dit Sot Glorieux, resterons-nous en si petit nombre ? — Ne vous fâchez point, répond Abus, je vais y pourvoir : » aussitôt il frappe l'arbre de Corruption, et fait sortir Sot Corrompu

SOT CORROMPU.

Procureurs, advocats ! procureurs, advocats !

Abus touche l'arbre de Tromperie, et Sot Trompeur sort, habillé en marchand; ensuite, ouvrant celui d'Ignorance, il donne la liberté au Sot Ignorant.

Lorsque Sot Ignorant aperçoit l'arbre de Folie, il sent une extrême curiosité de voir ce qui peut y être renfermé; tous les autres sots, pressés d'une pareille envie, prient Abus de l'ouvrir. Abus, pour les satisfaire, frappe cet arbre, et en fait sortir Sotte Folle qui, par ses mouvemens furieux, cause une peur horrible aux autres sots, et les fait repentir de leur curiosité.

« Rassurez-vous, leur dit Abus, elle n'est pas si méchante qu'elle vous le paraît, et si vous voulez lui parler avec douceur, vous verrez la personne du monde la plus complaisante. » Les sots suivent ce conseil, et Sotte Folle, se radoucissant, leur fait mille caresses. Au bout de quelque temps ils aperçoivent le Monde qui est endormi. — Quel est cet homme-là? demande Sotte Folle. — C'est le vieux Monde, répond Abus. — Il faut le tondre pour nous amuser, réplique Sotte Folle. » Les sots ne tardent pas à exécuter ce qu'elle vient de décider; mais lorsqu'ils voient le Monde à nud, ils le trouvent si laid et si repoussant, que, ne pouvant le souffrir, ils le chassent honteusement; et après avoir détruit ce premier Monde, ils prient Abus de leur en construire un nouveau. «Pas mal imaginé, répond le Père du Désordre. Songeons, ajoute-t-il, au fondement sur lequel nous le poserons. »

« Nous perdons le temps inutilement, leur dit Abus, de quelle espèce voulez-vous qu'il soit ? »

SOT DISSOLU.

Chante.

12

SOT GLORIEUX.

Froit.

SOT CORROMPU.

Sec.

SOT TROMPEUR.

Humide.

SOT IGNORANT.

Pluvieux.

SOTTE FOLLE.

Il n'en sera rien, je le veulx.
A tous vens touyours variable.

« Accordez-vous donc, répond Abus.
De quelle forme faut-il que je le fasse? »
Les Sots conviennent encore moins de
la figure, que de la qualité qu'ils
veulent donner à leur bizarre ouvrage :
ce qui fait qu'Abus, après avoir rêvé
quelque temps, leur propose, afin de
les contenter tous, de prendre Confusion pour fondement, et qu'ensuite
chacun d'eux fera un pilier à sa fantai-
sie. Cet avis plaît à tous les Sots; et

après qu'Abus a posé ces bases, il s'adresse à Sot Dissolu, et le prie d'ordonner la structure de sa colonne. « Il est juste, répond ce sot, que l'on commence par la mienne. »

SOT DISSOLU.

Ne suis-je pas le sot d'Église ?
Or sus, qu'on fasse mon pillier.

On veut d'abord y placer Dévotion; mais comme cette pièce n'y peut convenir, on pose Hypocrisie qui s'y adapte fort bien. « Qu'y mettrons-nous ensuite? demande Abus, qui fait l'office d'architecte. — Chasteté, dit Sot Glorieux. — J'ai bien peur, ajoute Sot Dissolu, qu'elle ne puisse servir. »

SOT DISSOLU.

Il y a long-temps que n'a esté
Avecques moy; or essayez.

SOT TROMPEUR.

Rien n'y vault.

SOT IGNORANT.

Tout cheit.

SOTTE FOLLE.

Bien voyez,
Qu'on a ycelle façon apprise,
Que Chasteté et gens d'église
Ne se cognoissent nullement.

SOT GLORIEUX.

Véez-là le cas.

ABUS.

Quoi ?

SOT GLORIEUX.

Ribaudise.

SOTTE FOLLE.

C'est le vray armet de l'Église
Par saint Jehan, ah ! tu es bon homme.

Si pour couvrir le tout, dit Sot

Trompeur, nous prenions Irrégularité,
il me semble que cela n'irait pas mal.

SOT DISSOLU.

Mon Dieu, faites-en ma couverte, etc.

ABUS, *à Sot dissolu.*

A ceste heure vois tout entière
La pile des sots de l'Église;
Hypocrisie et Ribaudise,
Apostasie, Lubricité,
Simonie, Irrégularité :
Sang Dieu ! quels six pièces d'arnoiz !
Es-tu contant?

SOT DISSOLU, *d'un air fier.*

Voîre (oui) et tu doiz
Loz et honneur à tousiours maiz.

« Que n'employez-vous Corruption?
dit Sotte Folle. — Où loge-t-elle? répond
Sot Dissolu. — En une infinité d'endroits, » répond Sot Trompeur.

SOT TROMPEUR.

Maiz au palais ; à la grand'salle,
C'est le lieu où plus a séance.

SOT CORROMPU.

Tiendroit-elle point audience
Avec les chapperons fourrés ?

A présent, dit Abus, nous aurons
du repos.

ABUS.

Or çà, mes sots , que ferons-nous ?

SOT DISSOLU.

Gaudio.

SOT GLORIEUX.

Tuer.

SOT CORROMPU.

Gripper.

SOT TROMPEUR,

A tous
Trancher du couteau à deux vans.

SOT IGNORANT.

Allons chasser des chats-huans.

Pour moi, ajoute Sot Dissolu, je prétends faire l'amour à cette Sotte. — Cet honneur m'appartient, dit Sot Glorieux. —C'est bien plutôt à moi, répondent Sot Corrompu, Sot Trompeur et Sot Ignorant. Comme ils se disputent avec chaleur le cœur de cette nouvelle maîtresse, Abus, voulant prévenir une lutte, dit à Sotte Folle de faire un choix. — Je donnerai la préférence, répond-elle, à celui qui fera le plus beau saut.

SOT IGNORANT.

Je saulte mieux.

SOT DISSOLU.

J'ai plus de biens.

SOT GLORIEUX.

Pas ne suis vieux.

SOT CORROMPU.

A ma fin viens.

SOT IGNORANT.

Je mayne joie.

SOT DISSOLU, *tendrement.*

Choisissant, ne diras-tu rien ?
Hélas ! sotte, soye ma proye !

SOTTE FOLLE.

Or à bref parler je me octroye.
A qui plus soudain passera
Parmi le tronz : celui sera
Mon seul ami. Suz avanssez.

Tous les Sots se mettent à courir, afin d'obtenir un prix si beau ; Abus les y encourage.

ABUS.

Or sus, sus, villains à l'assault.
Que gaignera doncques d'honneur.

TOUS.

Hay avant.

Comme ils font tous leurs efforts pour passer entre les piliers qui soutiennent le Monde, en se repoussant les uns les autres, ils se débattent avec tant de violence qu'ils font tomber l'édifice.

Pour entendre ce jeu de théâtre, il faut remarquer quelle était la construction de ce bâtiment. Une grande table, que l'on appelait Confusion, en faisait la base : au-dessus s'élevaient six piliers à égale distance, et sur ces piliers on posait une grosse boule de carton, que l'on appelait le Monde. Après cela on comprendra que les Sots, voulant passer tous en même temps entre ces piliers, dont l'espace n'est pas assez grand, les renversaient, et par conséquent le globe qu'ils soutenaient.

12.

Abus, voyant la ruine du monde qu'il vient de construire, s'écrie :

Adieu, mon labeur.

TOUS.

Eh Dieu ! tout s'en va par Abysme !

Ils veulent se plaindre à Abus ; celui-ci leur répond qu'ils ne doivent imputer leur malheur qu'à leur propre imprudence : et que pour les punir, ils vont retourner au lieu d'où il sont sortis, c'est-à-dire dans le sein de la Confusion.

TOUS.

Adieu, Adieu.

Ils se retirent.
« Le Monde vient et trouve tout

vide. » Il moralise sur le sort de ces sots qui viennent de périr presqu'au moment de leur naissance, et exhorte les assistans à profiter de cet exemple. Il finit par ces deux vers :

> Ce n'est pas jeu que se fier au monde ;
> Bien est deçeu qui se fie en ce monde.

Ensuite il supplie l'assemblée de ne pas s'offenser des traits satiriques répandus dans cet ouvrage, qui, n'étant que généraux, n'ont pour but que de réformer les mœurs, et d'inspirer l'horreur du vice.

> Seigneurs et dames de la ronde,
> Si en rien nous avons forfaict
> Pardonnez-nous, car nul meffaict
> Ne prétendons ne faiz, ne diz.
> A Dieu qui vous doint paradis.
> *Deo gratias.*

Ces arbres qui s'ouvraient, ces piliers élevés sur le théâtre, les jeux de scène indiqués dans cet ouvrage, prouvent que les *sotties* empruntaient quelquefois aux anciens Mystères une machinerie peut-être un peu perfectionnée, mais ce n'était là qu'une exception : l'action de plus en plus simple de ces pièces ne pouvant pas admettre de grands développemens en ce genre. En même temps que cette action se simplifiait en se mondanisant, si l'on peut employer ce terme, elle devenait d'une telle immoralité, que la plupart des morceaux de ce répertoire ne pourraient se citer aujourd'hui sans faire hausser l'éventail aux moins chastes. Telle était la pièce où Doublette traduit devant le Prince des sots, son vieux mari, Raoullet *Ployart*, dont le nom indique les torts que lui reproche sa femme; pièce calquée sur la fameuse complainte du

Trop tard marié, dont quelques strophes feront connaître l'incroyable licence de l'époque et du genre.

. . . .

Je me repens quand j'ai partout regard
Qu'ay consenti me marier si tard;
Par quoi je fais ceste complainte brève :
Tard marié son âme et son corps grève.

J'ai comme le laboureur fait,
Qui aucunes fois est troublé;
Car il perd sa peine en effet
Quand sur chemin sème son bled.
Devant qu'estre uni en ménage,
J'ai perdu semence et ouvrage.

Femmes, filles, laides et belles,
J'entretenais pour mon plaisir;
Les aucunes, trouvais rebelles
Autres faisaient à mon plaisir
Cupido me venant saisir,
Venus allumait mon brandon
Tel service, tel guerdon (récompense).

J'étais subject à maq......
Et à un tas de maq......

Qui m'amenaient des becquerelles
Ivrognesses, aimant bons morceaux ;
Car je n'entendais pas leur ruse.
Si subtil n'est qu'amour abuse.

. . . .

J'ai mis trop long-temps à m'y mettre (en ménage)
Car son plaisir ne puis fournir (à ma femme),
Et suis content de lui promettre
Ce qu'à peine je puis tenir.

Ma femme montre son tettin
Pour au matin son déduit prendre,
Et recevoir son picotin;
Hélas! je n'y puis rien entendre.

Aucunes fois je me contrains (m'efforce)
De prendre naturel soulas (plaisir);
Mais tout soudain je me restreins
Car je crains d'être trop tôt las,
Où de m'endormir sur le tas.

De ses yeux plaisans (elle) me regarde
En jettant un ris gracieux,
Puis d'un petit brocard me larde :
Cela me rend un peu joyeux;
Mais quand vient entre les linceux (draps),
Qu'on doit tenir la lance au poing,
Elle ploye ou fault (manque) au besoin.

Dans la pièce qu'on vient de citer, le mari, jaloux sans doute d'entrer en arrangement, emmène sa femme derrière la scène, et une voisine, qui les aperçoit, résume la pièce par cet édifiant couplet :

Ils s'en sont allés là derrière,
Pensez, cheviller leur accord,
Afin qu'il en tienne plus fort.
C'est ainsi qu'il faut appaiser
Les femmes, quand veulent noiser.

Dans une autre *sottie*, dont le manuscrit reproduit curieusement les costumes du temps, les enfans de la Folie, ayant chacun leur métier, appellent *la grand'mère Sotte*; celle-ci les conduit au *Monde*, qui les prend à son service, mais qui, en les employant, ne paraît jamais content de ce qu'ils ont fait. Les souliers que lui présente le *Savetier* sont trop larges; le *Couturier* lui fait des habits trop étroits; le *Prêtre* lui dit des messes trop courtes ou trop longues, etc. D'après cela, on juge bien que le *monde* est malade; on prend de son urine, et on la porte à un médecin. Le médecin décide que le *monde* a le cerveau dérangé, et il vient le visiter. Le *monde* lui dit que ce qui lui trouble l'esprit, c'est la crainte de mourir par un déluge de feu. Comment, lui dit le Médecin :

> Ah ! te troubles-tu pour cela ?
> Monde, et tu ne te troubles pas
> De voir ces larrons attrapars,
> Vendre et acheter bénéfices ;
> Les enfans, ès bras des nourrices,
> Être Abbés, Évesques, Prieurs,
> Chevaucher très-bien les deux sœurs,
> Tuer les gens pour leur plaisir,
> Jouer le leur, l'autrui saisir,
> Donner aux flatteurs audience ;
> Faire la guerre à toute outrance,
> Pour un rien, entre les chrétiens, etc.

Le médecin est congédié; le *Monde* se joint à la troupe de la Folie; et sitôt qu'elle en a pris l'habit, elle reprend sa gaîté.

Clément Marot, qui dans sa jeunesse figura parmi les *Enfans sans souci*, a composé pour eux une ballade qui, comme le Cry (annonce), d'une *Sottie* représentée en 1511, appartient à l'histoire du genre.

BALLADE DES ENFANS SANS-SOUCI.

Qui sont ceux-là, qui ont si grand' envie,
Dedans leur cœur et triste marisson (tristesse),
Donc ce pendant que nous sommes en vie
De maistre Ennuy n'escoutons la leçon?
Ils ont grand tort, veu qu'en bonne façon
Nous consommons nostre florissant age,
Sauter, danser, chanter à l'avantage,
Faux envieux, est-ce chose qui blesse;
Nenny pour vray, mais toute gentillesse
Et gay voulloir, qui nous tient en ses laqs.

Ne blasmez point doncques nostre jeunesse,
Car noble cueur ne cherche que soulas (plaisir):

Nous sommes druz, chacun ne nous suit mye;
De froid soucy ne sentons le frisson;
Mais de quoy sert une teste endormie?
Autant qu'un bœuf dormant près d'un buisson.
Languards piquans (médisans), plus forts que hérisson,
Ou plus reclus qu'un vieil corbeau en cage,
Jamais d'autruy ne tiennent bon langage;
Tousiours s'en vont songeant quelque finesse :
Mais entre nous, nous vivons sans tristesse,
Sans mal penser, plus aises que prélats,
Sans dire mal : c'est donc grande simplesse,
Car noble cueur ne cherche que soulas:

Bon cueur, bon corps, bonne phizionomie,
Boire matin, fuïr noise et tanson;
Dessus le soir, pour l'amour de sa mie,
Devant son huis la petite chanson;
Trancher du brave et du mauvais garçon;
Aller de nuict, sans faire aucun outrage,
Se retirer; voilà le tripotage.
Le lendemain recommencer la presse.
Conclusion, nous demandons liesse;
De la tenir jamais ne fusmes las,
Et maintenons que cela est noblesse,
Car noble cueur ne cherche que soulas.

ENVOY.

Prince d'amours, à qui devons hommage,
Certainement, c'est un fort grand dommage,
Que nous n'avons en ce monde largesse
Des grands trésors de Junon la déesse,
Pour Vénus suivre; et que dame Pallas
Nous vinst après resiouir en vieillesse,
Car noble cueur ne cherche que soulas.

LA TENEUR DU CRY.

Sotz lunatiques, sotz estourdis, sotz sages,
Sotz de villes, sotz de chasteaux, de village,
Sotz rassotez, sotz nyais, sotz subtils,
Sotz amoureux, sotz privez, sotz sauvages,
Sotz vieux, nouveaux, et sotz de toutes ages,
Sotz barbares, estranges et gentilz,
Sotz raisonnables, sotz pervers, sotz retifz,
Vostre prince, sans nulles intervalles
Le mardy gras jouera ses jeux aux halles.

Sottes dames et sottes damoiselles,
Sottes vieilles, sottes jeunes et nouvelles,
Toutes sottes aymant le masculin,
Sottes hardies, couardes, laides et belles,
Sottes frisques, sottes doulces et rebelles,

Sottes qui veulent avoir leur picotin ,
Sottes trotantes sur pavé, sur chemin ,
Sottes rouges, masgres , grosses et palles,
Le mardy gras jouera le prince aux halles.

Sotz yvrognes , aimant les bons loppins ,
Sotz qui ayment jeux , tavernes , esbatz,
Tous sotz jalloux, sotz gardans les patins ,
Sotz qui faictes aux dames les choux gras,
Admenez-y sotz lavez et sotz salles,
Le mardy gras jouera le prince aux halles.

Mere sotte sémond toutes ses sottes ;
N'y faillez pas y venir bigottes,
Car en secret faictes de bonnes chieres,
Sottes gayes, délicates, mignottes ,
Sottes qui estes aux hommes famillieres,
Monstrez-vous moult douces et cordialles,
Le mardy gras jouera le prince aux halles.

Faict et donné buvant à pleins potz,
Par le prince des sotz et ses suppotz.

FIN DU CRY.

Les *farces*, jouées concurremment

avec les *sotties*, par les *Enfans sans souci*, finirent par les exclure, en se rapprochant successivement de nos comédies modernes, sous le rapport du sujet et de la conduite de l'action. On en peut juger par la *Farce de Patelin*, à laquelle Bruéys et Palaprat n'ont eu, sauf le vieux style, que peu de choses à changer pour la remettre à la scène, où on la voit toujours avec plaisir sous le nom de l'*Avocat Patelin*. La grande réputation de cette Farce pénétra jusque chez les étrangers, à l'usage desquels Alexandre Connibert en donna une traduction en vers latins, qui fut imprimée à Paris en 1543, par Simon de Colines, «pour François Étienne,» sous le titre suivant: *Patelinus: nova Comœdia, aliàs veterator, è vulgari linguâ in latinam traducta per Alexandrum Connibertum Legum Doctorem, et nuper quàm dili-*

gentissime recognita : ut conferenti cùm veteri exemplari planè nova, latinis auribus gratior videatur.

Ce qui, dans les derniers temps, distinguait surtout les *farces* des *sotties*, c'est qu'elles n'avaient qu'un acte; les auteurs s'étant enfin conformés aux conseils des critiques de l'époque. « Or, dit Du Verdier, dans sa *Bibliothèque Française*, n'a *Farce* qu'un acte de comédie, et la plus courte est estimée la meilleure, afin d'éviter l'ennui qu'une prolixité et longueur apporteraient aux spectateurs.

Il y avait des *Farces Joyeuses, Histrioniques* (*), *Fabuleuses, Enfarinées* (**), *Morales, Récréatives, Fa-*

(*) Cet adjectif est donné à cause de l'espèce de comédiens qui les représentaient, et qu'on appelait vulgairement *histrions*.

(**) Les acteurs qui jouaient les Farces avaient coutume de se frotter le visage de farine.

cétieuses, *Badines*, *Françaises* (*).

Au commencement du dix-huitième siècle, on donnait encore le nom de *farces* à des espèces d'épilogues qui formaient le dénouement des pièces comiques. Une de ces pièces, *le Riche pauvre*, conservée dans la collection de M. d'Argenson, offre des détails très-plaisans, et l'on y trouve entre autres un magister de village, M. ABCDARIUS, dont le caractère a quelque analogie avec le *Dominus* Simpson de *Guy-mannering*. Cette pièce (très-rare), imprimée à Valenciennes, comportait un grand développement de machines, dans le divertissement. On y voyait le *Temps*, dans un char tiré par deux cerfs *natu-*

(*) Les épithètes de *Morale*, etc., font assez connaître le but de ces ouvrages : à l'égard de celle de *française*, elle lui a été donnée à cause de la nation, à qui elle doit son invention.

(Note des auteurs de l'*Histoire du Théâtre français*)

rels ; les murailles de Thèbes s'y rele-
vaient au son de la lyre d'Amphion.
Enfin, neuf pierres précieuses se déta-
chaient des rochers pour former une
couronne ducale sur le cercle de l'é-
ternité ; c'étaient :

Diamant.

Rubis.	*Saphir.*
Emeraude.	*Topase.*
Améthyste.	*Chrysalide.*
Turquoise.	*Agathe.*

Lorsqu'en 1548, le parlement eût
défendu de mêler les cérémonies du
rite catholique, aux représentations
scéniques, les confrères de la Passion,
bornés aux sujets profanes, mais jaloux
de ne point déroger, cédèrent leurs
priviléges à une société qui entreprit de
donner exclusivement des *farces.* On

construisit, à cet effet, rue Mauconseil,
un théâtre dont la disposition et le
matériel suffisaient au peu de développement des sujets du répertoire. La
scène, formée comme aujourd'hui
d'un plancher continu, n'avait point
de coulisses; trois morceaux de tapisse-
serie, dont deux tendues latéralement,
et la troisième, dans le fond, décoraient
et déterminaient l'espace occupé par les
acteurs. Les pièces de Jodelle ne furent
pas mieux traitées. La mécanique ne
fit rien de plus pour le théâtre, jusqu'à
Corneille, dont le Cid fut d'abord représenté avec ce simple appareil; et le
père de la tragédie eut cela de commun
avec ce Lopez de Rueda, qui créa en
Espagne le théâtre populaire. D'après
un prologue de Cervantès, tout l'atti-
rail d'un *maestro de hacer comedias*
(maître en fait de comédies) s'enfermait
alors dans un sac. C'étaient trois ou

quatre vestes de peaux blanches garnies de cuir doré, autant de barbes, de perruques et de hauts-de-chausses ; le tout pouvant tenir *sur le dos d'une araignée*. « Il n'y avait pas alors de ma-
« chines et de décorations, ni de com-
« bats de Mores et chrétiens, à pied ou
« à cheval. Il n'y avait point de figures
« qui semblassent sortir de la terre, par
« le plancher du théâtre, et moins en-
« core de nuages qui descendissent du
« ciel avec des anges ou des âmes. Le
« théâtre se composait de quatre plan-
« ches portées par quatre bancs en carré,
« qui les élevaient à quatre palmes de
« terre. Tout le décors était une vieille
« couverture tirée par deux cordes d'un
« bout à l'autre, pour faire ce qu'on
« appelle le *vestiaire*, et derrière la-
« quelle se tenaient les musiciens, qui
« chantaient, sans guitare, quelque
« ancienne *romance*. »

En 1561, la cour d'Espagne, qui avait jusque-là voyagé d'une capitale de province à l'autre, se fixa tout-à-fait à Madrid. Cette circonstance fut favorable à l'art dramatique, en fixant aussi le théâtre. Des documens authentiques attestent qu'un an après la mort de Lopez de Rueda, il y avait à Madrid des salles de spectacle (*corrales de comedias*). On comptait alors, tant dans la capitale que dans les provinces, plusieurs troupes d'acteurs qui se distinguaient entre elles par des noms bizarres. Peu de temps après, Juan de Malara, célèbre professeur d'humanités, plus connu sous le nom du commentateur grec (*comentador griego*), fit jouer à Salamanque un drame en vers intitulé *Locusta*, qu'il avait d'abord écrit en latin. Puis vint un auteur de Tolède, nommé Navarro, lequel fut appelé l'inventeur des théâtres, pour

avoir apporté quelque pompe à la représentation.«Il changea, dit Cervantès,
« le sac des habits en coffres et malles ;
« il mit en avant la musique, jusque-là
« cachée derrière la couverture ; il ôta
« les barbes postiches aux acteurs dont
« les rôles ne les requéraient pas ; il
« inventa les machines, les nuages ,
« les tonnerres et les éclairs, les défis
« et les batailles.» Un certain Cosme
d'Oviedo imagina, dans le même temps,
les affiches. Cervantès lui-même, qui
pressentait combien la pompe théâtrale
devait prêter au drame de grandeur et
d'éclat, s'était efforcé d'ajouter à son
ouvrage toutes les ressources dont la
scène disposait de son temps, et les
recommandations imprimées avec le
texte de la pièce, prouvent en quelle
enfance était encore l'art de la scène.
« Pour imiter le tonnerre, dit-il quelque
«part, on roulera des pierres dans un

«tonneau.» Ailleurs, en parlant des soldats de Scipion : «Ils doivent, dit-il, «être armés à l'antique, et *sans arque-*«*buses*»; craignant sans doute qu'on ne montrât les légions romaines avec l'uniforme des *tercios* du duc d'Albe (*).

En France, à cette phase du seizième siècle, époque essentielle de transition, on n'en était plus aux solennités mystiques et princières des divertissemens du moyen âge, et l'on n'en était pas encore à la pompe intelligente et fastueuse des fêtes du grand règne. Alors seulement, l'art du machiniste décorateur prit un essor prodigieux, et il eut cela de commun avec la poétique dramatique, qu'il sembla tout d'abord atteindre ses limites. On a vu qu'en Espagne Cervantès

(*) *Essai sur l'Histoire du Théâtre espagnol*, par M. Viardot. (REVUE DES DEUX-MONDES.)

avait assisté, dans sa jeunesse, à des essais barbares, avant d'applaudir Lopez de Vega. S'il fût mort quelques années plus tard, il eût pu admirer les chefs-d'œuvre de Calvéron. En Angleterre, *Romeo et Juliette* suivit presque immédiatement les ébauches de Grammar-Gurton. En Allemagne, la palme est restée aux dramaturges, qui ont ouvert la carrière. En France, enfin, où une révolution presque aussi soudaine transporta l'art, des tréteaux des *Farces* au théâtre immortalisé par Corneille et Molière, nos machinistes modernes sont loin d'avoir dépassé les Sourdeac et les Servandoni.

FIN DU TOME PREMIER.

TABLE DES MATIÈRES
CONTENUES DANS LE PREMIER VOLUME.

———

(rare)

Tome I, seul paru